DALL'ORTO ALLA TAVOLA:

LA MAGIA DELLE ERBE AROMATICHE FAI-DA-TE

Introduzione

"Dall'orto alla tavola: la magia delle erbe aromatiche fai-da-te" è un libro completo e pratico che offre ai lettori preziose informazioni e indicazioni passo-passo sulla coltivazione di diverse erbe comuni, come basilico, menta, rosmarino, prezzemolo, coriandolo e rucola, direttamente nella comodità delle loro case. Dalla comprensione dei vantaggi della coltivazione delle erbe alla pianificazione e progettazione di un giardino di erbe, questo libro copre tutto ciò che si deve sapere per coltivare e prendersi cura con successo delle erbe. Con consigli sulla semina, sulla cura delle piante, sulla raccolta e sull'utilizzo delle erbe in cucina e nei rimedi casalinghi, i lettori acquisiranno la conoscenza e la fiducia per creare il proprio oasi di giardino di erbe e godere dei freschi sapori e aromi che ne derivano. Identificando problemi comuni e fornendo soluzioni, questo libro garantisce che anche i principianti possano ottenere successo nei loro sforzi di giardinaggio delle erbe.

INDICE

INTRODUZIONE

1.1 VANTAGGI DELLA COLTIVAZIONE DELLE ERBE IN CASA

Coltivare le erbe a casa offre numerosi vantaggi che vanno oltre il semplice avere ingredienti freschi per le tue creazioni culinarie. Che tu abbia un ampio giardino o un piccolo balcone, coltivare le erbe può essere un'esperienza gratificante e appagante.

Uno dei principali vantaggi della coltivazione delle erbe a casa è la comodità che offre. Avere un orto di erbe proprio fuori dalla porta significa poter accedere facilmente alle erbe di cui hai bisogno ogni volta che vuoi. Non più viaggi dell'ultimo minuto al supermercato o accontentarsi di erbe secche che hanno perso il loro sapore. Con il tuo orto di erbe, puoi semplicemente uscire e raccogliere le erbe di cui hai bisogno, garantendo massima freschezza e sapore nei tuoi piatti.

Un altro beneficio della coltivazione delle erbe a casa è il risparmio economico che offre. Comprare erbe fresche dal negozio può essere costoso, soprattutto se le usi frequentemente nella tua cucina. Coltivando le tue erbe, puoi ridurre significativamente la tua spesa alimentare e risparmiare denaro nel lungo periodo. Inoltre, hai il vantaggio aggiunto di sapere esattamente come sono state coltivate le tue erbe e quali prodotti chimici, se presenti, sono stati utilizzati nel processo.

Oltre ai vantaggi finanziari, coltivare le erbe a casa ti permette anche di avere il controllo sulla qualità delle tue erbe. Puoi scegliere di coltivarle in modo biologico, senza l'uso di pesticidi o erbicidi dannosi. Ciò significa che puoi gustare erbe prive di residui chimici e con un valore nutrizionale più elevato. Inoltre, hai la soddisfazione di sapere di contribuire a un ambiente più sano e sostenibile.
Oltre ai vantaggi pratici, coltivare le erbe a casa può anche essere un'attività terapeutica e riducente lo stress. La giardinaggio è stato dimostrato avere numerosi benefici per la salute mentale ed emotiva, come la riduzione dell'ansia, il miglioramento dell'umore e l'aumento della consapevolezza. Trascorrere del tempo a curare il tuo orto di erbe può fornire una sensazione di calma e connessione con la natura, permettendoti di rilassarti e ricaricarti.
Infine, coltivare le erbe a casa apre un mondo di possibilità culinarie. Con una vasta varietà di erbe a tua disposizione, puoi sperimentare con diversi sapori e creare piatti unici che mettono in mostra la freschezza e la vivacità delle tue erbe coltivate in casa. Dal aggiungere un pizzico di basilico alla salsa per la pasta all'infondere le tue bevande con la fresca menta, le possibilità sono infinite.
In conclusione, coltivare le erbe a casa offre una moltitudine di benefici, dalla comodità e risparmio economico al controllo sulla qualità e al valore terapeutico. Che tu sia un giardiniere esperto o un principiante, coltivare le erbe a casa è un'attività gratificante e piacevole che può migliorare la tua cucina, migliorare il tuo benessere e portare un tocco di natura nella tua vita quotidiana. Quindi, prendi i tuoi attrezzi da giardinaggio e preparati per intraprendere un viaggio pieno di delizie a base di erbe!

1.2 COME INIZIARE CON LA COLTIVAZIONE DELLE ERBE

L'orticoltura delle erbe è un hobby gratificante e appagante che ti permette di coltivare le tue erbe fresche e saporite direttamente a casa. Che tu abbia un ampio giardino o un piccolo balcone, l'orticoltura delle erbe può essere adattata a qualsiasi spazio. In questa sezione, ti guideremo attraverso i passaggi essenziali per iniziare con l'orticoltura delle erbe.
Il primo passo per iniziare con l'orticoltura delle erbe è determinare lo scopo del tuo orto di erbe. Vuoi coltivare erbe per scopi culinari, usi medicinali o semplicemente per la loro bellezza e profumo? Questo ti aiuterà a scegliere le erbe giuste da coltivare e a guidare il design complessivo del tuo giardino.
Successivamente, considera lo spazio disponibile per il tuo orto di erbe. Se hai un ampio giardino, puoi creare un letto dedicato all'orto di erbe o addirittura un'area separata per l'orto di erbe. D'altra parte, se hai uno spazio limitato, puoi optare per la coltivazione in contenitori o tecniche di coltivazione verticale per massimizzare il tuo potenziale di coltivazione delle erbe.
Una volta determinato lo scopo e lo spazio per il tuo orto di erbe, è il momento di raccogliere gli strumenti e i materiali necessari. Alcuni strumenti di base di cui avrai bisogno includono una paletta, guanti da giardinaggio, cesoie per la potatura e un annaffiatoio o un tubo flessibile. Inoltre, avrai bisogno di terriccio per vasi o terriccio da giardino, a seconda che tu stia coltivando erbe in contenitori o in terra.

Prima di iniziare a piantare, è importante scegliere le erbe giuste per il tuo orto domestico. Considera fattori come il clima, la disponibilità di luce solare e le tue preferenze personali. Alcune erbe popolari per i principianti includono basilico, menta, rosmarino, prezzemolo, coriandolo e rucola. Queste erbe sono relativamente facili da coltivare e offrono una vasta gamma di usi culinari.
Una volta scelte le tue erbe, è il momento di preparare il terreno per la coltivazione delle erbe. Se stai coltivando erbe in contenitori, assicurati di utilizzare un substrato ben drenante. Per gli orti di erbe in terra, prepara il terreno rimuovendo eventuali erbacce o detriti e aggiungendo materia organica come compost o letame maturo per migliorare la fertilità.
Ora che il terreno è pronto, è il momento di seminare i semi o propagare le piante di erbe. Segui le istruzioni riportate sulle confezioni dei semi o sulle etichette dei vivai per la profondità di semina e la distanza tra le piante. Se stai propagando le piante di erbe da talee, assicurati di utilizzare cesoie pulite e affilate per evitare di danneggiare le piante.
Una volta che le tue piante di erbe sono in terra o nei contenitori, è importante fornire loro le cure adeguate. Ciò include l'irrigazione regolare, la concimazione e la potatura, se necessario. Diverse erbe hanno esigenze diverse di acqua e nutrienti, quindi assicurati di informarti sulle esigenze specifiche di ciascuna erba che stai coltivando.
Man mano che le tue piante di erbe crescono, sarai in grado di raccogliere e gustare i frutti del tuo lavoro. Raccogliere le erbe al momento giusto garantisce il massimo sapore e potenza. A seconda dell'erba, puoi raccogliere le foglie, i fiori o i semi. È anche possibile conservare le erbe per un uso successivo essiccandole o congelandole.

Oltre all'uso delle erbe in cucina, possono essere utilizzate anche per rimedi casalinghi e naturali. Molte erbe hanno proprietà medicinali e possono essere utilizzate per trattare disturbi comuni o migliorare il benessere generale. Prima di utilizzare le erbe per scopi medicinali, informarti sulle specifiche modalità d'uso e precauzioni di ciascuna erba.
Infine, come per ogni attività di giardinaggio, è importante essere consapevoli dei problemi comuni dell'orto di erbe e di come risolverli. Parassiti, malattie e carenze nutritive possono influire sulla salute e sulla produttività delle tue piante di erbe. Imparando su questi problemi e attuando misure preventive, puoi garantire un'esperienza di orticoltura delle erbe di successo.
In conclusione, iniziare con l'orticoltura delle erbe è un viaggio emozionante che ti permette di connetterti con la natura, migliorare le tue creazioni culinarie ed esplorare il mondo dei rimedi erboristici. Seguendo i passaggi descritti in questa sezione, sarai sulla buona strada per creare un orto di erbe fiorente e abbondante a casa tua. Quindi prendi i tuoi attrezzi da giardinaggio e cominciamo!

1.3 SCEGLIERE LE ERBE ADATTE PER IL TUO GIARDINO DI CASA

Scegliere le erbe giuste per il tuo giardino domestico è un passo importante per creare un orto di erbe di successo e prospero. Con così tante erbe diverse tra cui scegliere, può essere travolgente sapere da dove cominciare. Tuttavia, considerando alcuni fattori chiave, puoi selezionare le erbe più adatte per il tuo giardino e le tue esigenze.

Una delle prime cose da considerare quando si scelgono le erbe per il tuo giardino domestico sono le tue preferenze personali. Pensa alle erbe che ti piace usare in cucina o agli odori che trovi più gradevoli. Scegliendo erbe per cui hai già una predilezione, è più probabile che tu sia motivato a prenderti cura di esse e usarle nella tua vita quotidiana.

Un altro fattore importante da considerare è il clima e le condizioni di crescita nella tua zona. Alcune erbe prosperano al sole pieno, mentre altre preferiscono l'ombra parziale. Inoltre, alcune erbe sono più tolleranti alla siccità o richiedono condizioni specifiche del terreno. Studia le esigenze specifiche di ogni erba che stai considerando e assicurati che il tuo giardino possa fornire le condizioni necessarie per la loro crescita.

Considera anche lo spazio disponibile nel tuo giardino. Se hai uno spazio limitato, potresti voler concentrarti su erbe che possono essere coltivate in contenitori o verticalmente. Ciò ti consente di massimizzare la tua area di coltivazione e comunque godere di una varietà di erbe. D'altra parte, se hai molto spazio, potresti avere l'opportunità di coltivare una gamma più ampia di erbe e sperimentare diverse varietà.

È anche importante considerare lo scopo del tuo orto di erbe. Sei principalmente interessato a utilizzare le erbe per cucinare? O stai cercando di creare un giardino che sia visivamente attraente e profumato? Diverse erbe servono a scopi diversi, quindi è importante scegliere erbe che si allineino con i tuoi obiettivi.
Infine, considera il livello di manutenzione e cura richiesto per ogni erba. Alcune erbe richiedono meno manutenzione e sono più tolleranti, mentre altre richiedono più attenzione e cura. Se sei un giardiniere principiante o hai poco tempo da dedicare al tuo giardino, potrebbe essere saggio iniziare con erbe più facili da coltivare e mantenere.
Considerando le tue preferenze personali, il clima e le condizioni di crescita, lo spazio disponibile, lo scopo e il livello di manutenzione, puoi scegliere le erbe giuste per il tuo giardino domestico. Ricorda di fare le tue ricerche e consultare esperti di giardinaggio locali o vivai per ulteriori consigli. Con la giusta selezione di erbe, puoi creare un bellissimo e abbondante orto di erbe che porta gioia e sapore alla tua casa.

1.4 PIANIFICARE E PROGETTARE IL TUO GIARDINO DI ERBE

La pianificazione e la progettazione del tuo giardino di erbe sono passaggi essenziali per creare uno spazio di successo e visivamente accattivante. Prima di iniziare a piantare, è importante considerare fattori come lo spazio disponibile, l'esposizione alla luce solare e i tipi di erbe che desideri coltivare. Pianificando e progettando attentamente il tuo giardino di erbe, puoi massimizzarne il potenziale e creare uno spazio bello e funzionale.

Innanzitutto, valuta lo spazio disponibile per il tuo giardino di erbe. Che tu abbia un grande cortile o un piccolo balcone, è importante sfruttare al massimo l'area che hai a disposizione. Considera la disposizione e le dimensioni dello spazio, così come eventuali strutture o caratteristiche esistenti che potrebbero influire sul design del tuo giardino. Fai attenzione alle aree che ricevono luce solare diretta o ombra durante il giorno, poiché ciò ti aiuterà a determinare dove posizionare le tue erbe.

Successivamente, pensa ai tipi di erbe che desideri coltivare. Considera le tue preferenze personali, le esigenze culinarie e eventuali benefici per la salute specifici che desideri ottenere dal tuo giardino di erbe. Alcune erbe, come basilico e menta, prosperano al sole pieno, mentre altre, come prezzemolo e coriandolo, preferiscono l'ombra parziale. Comprendendo le esigenze di luce solare delle diverse erbe, puoi pianificare strategicamente il posizionamento delle tue piante per garantire che ricevano la quantità ottimale di luce.

Una volta che hai un'idea chiara dello spazio disponibile e dei tipi di erbe che desideri coltivare, è il momento di progettare il tuo giardino di erbe. Inizia tracciando una bozza approssimativa del tuo giardino, tenendo conto delle dimensioni e delle caratteristiche dello spazio. Considera la creazione di aree o aiuole designate per diverse erbe, raggruppando insieme quelle con requisiti simili di luce solare e acqua.
Quando progetti il tuo giardino di erbe, pensa anche all'estetica. Considera l'inclusione di diverse altezze, texture e colori per creare interesse visivo. Ad esempio, puoi piantare erbe più alte come rosmarino o salvia sul retro del giardino, con erbe più basse come timo o erba cipollina nella parte anteriore. Mescolare erbe con fiori o piante ornamentali può anche aggiungere bellezza al tuo giardino.
Oltre al layout e all'estetica, considera aspetti pratici come l'accessibilità e la manutenzione. Assicurati che il tuo giardino di erbe sia facilmente accessibile per l'irrigazione, la raccolta e la cura generale. Se hai una mobilità limitata, considera l'uso di aiuole rialzate o la coltivazione in contenitori per facilitare la cura delle tue erbe. Pensa anche a come manterrà il tuo giardino, inclusi l'irrigazione, lo sradicamento delle erbacce e la potatura. Progettando il tuo giardino di erbe tenendo conto di questi fattori, renderai l'esperienza di cura più piacevole e gestibile nel lungo termine.
Infine, non dimenticare di considerare la crescita futura delle tue erbe. Alcune erbe, come la menta, possono essere invasive e potrebbero richiedere misure di contenimento come la coltivazione in vasi o l'uso di barriere. Altre, come basilico o coriandolo, potrebbero aver bisogno di potature regolari per favorire una crescita più cespugliosa.

Pianificando la crescita e la manutenzione delle tue erbe, puoi garantire un giardino sano e prospero.
In conclusione, la pianificazione e la progettazione del tuo giardino di erbe sono passaggi cruciali per creare un'esperienza di giardinaggio di successo e piacevole. Valutando lo spazio disponibile, comprendendo le esigenze di luce solare delle diverse erbe e considerando estetica e praticità, puoi creare un giardino di erbe bello e funzionale. Ricorda di pianificare la crescita e la manutenzione future per garantire il successo a lungo termine del tuo giardino. Con una pianificazione e un design attenti, sarai sulla buona strada per coltivare un giardino di erbe abbondante e bellissimo a casa tua.

1.5 PREPARARE IL TERRENO PER LA COLTIVAZIONE DELLE ERBE

Prima di iniziare a piantare le tue erbe, è essenziale preparare adeguatamente il terreno. La qualità del terreno influenzerà direttamente la crescita e la salute delle tue piante aromatiche. Ecco alcuni passaggi da seguire per preparare il terreno per la coltivazione delle erbe.

Innanzitutto, è necessario valutare il terreno nel tuo giardino. Osserva la sua consistenza, drenaggio e fertilità. La maggior parte delle erbe preferisce un terreno ben drenante, quindi se il tuo terreno è pesante e argilloso, potresti doverlo arricchire con materia organica come compost o letame maturo. Questo migliorerà la struttura del terreno e il drenaggio.

Successivamente, rimuovi le erbacce o l'erba dalla zona in cui intendi coltivare le tue erbe. Queste possono competere con le tue piante aromatiche per nutrienti e acqua. Puoi rimuovere manualmente le erbacce o utilizzare una zappa da giardino per eliminarle.

Una volta che l'area è libera da erbacce, è il momento di allentare il terreno. Usa una forca da giardino o un motozappa per rompere il terreno compatto. Questo migliorerà l'aerazione e consentirà alle radici delle tue erbe di penetrare facilmente nel terreno.

Dopo aver allentato il terreno, è una buona idea testarne il livello di pH. La maggior parte delle erbe preferisce un intervallo di pH leggermente acido o neutro, compreso tra 6,0 e 7,0. Puoi acquistare un kit per il test del terreno presso un centro giardinaggio o inviare un campione di terreno a un ufficio di estensione agricola locale per l'analisi. In base ai

risultati, potresti dover regolare il pH aggiungendo calce per aumentarlo o zolfo per abbassarlo.
Una volta preparato il terreno, puoi incorporare materia organica per migliorarne la fertilità. Ciò può essere fatto aggiungendo compost, letame ben decomposto o altri emendamenti organici. Questi forniranno nutrienti essenziali alle tue piante aromatiche e miglioreranno la salute complessiva del terreno.
Prima di piantare le tue erbe, è importante assicurarsi che il terreno sia adeguatamente umido. Irriga abbondantemente l'area uno o due giorni prima della semina per garantire che le erbe abbiano abbastanza umidità per radicarsi.
In conclusione, la preparazione del terreno per la coltivazione delle erbe è un passaggio cruciale per garantire il successo del tuo orto aromatico. Valutando il terreno, rimuovendo le erbacce, migliorando il drenaggio, regolando il pH e incorporando materia organica, puoi creare un ambiente favorevole affinché le tue erbe prosperino. Ricorda di mantenere il terreno adeguatamente umido prima della semina e sarai sulla buona strada per coltivare erbe sane e saporite a casa tua.

1.6 SEMINARE E PROPAGARE LE ERBE

La semina dei semi e la propagazione delle erbe sono una parte essenziale dell'orticultura delle erbe. Iniziando dai semi o propagando piante esistenti, hai l'opportunità di coltivare una vasta varietà di erbe e garantire la loro salute e vitalità. In questa sezione, esploreremo i diversi metodi di semina dei semi e propagazione delle erbe, fornendoti le conoscenze e le competenze per coltivare con successo il tuo orto di erbe.
Quando si tratta di seminare i semi, è importante scegliere semi di alta qualità da fonti affidabili. Cerca semi freschi e con un alto tasso di germinazione. Prima di seminare, è consigliabile mettere i semi in ammollo in acqua per alcune ore per accelerare il processo di germinazione.
Per seminare i semi, prepara un vassoio per semi o piccoli vasi con un terreno ben drenante. Riempili con il terreno, lasciando un piccolo spazio in cima. Premi delicatamente i semi nel terreno, seguendo la distanza raccomandata per ogni erba. Copri i semi con uno strato sottile di terreno e annaffiali leggermente. Posiziona il vassoio o i vasi in un'area calda e ben illuminata, assicurandoti che ricevano una quantità adeguata di luce solare o luce artificiale.
Un altro metodo di propagazione delle erbe è attraverso i talee. Questo metodo prevede di prendere un taglio di stelo o foglia da una pianta di erbe esistente e incoraggiarlo a sviluppare radici e crescere in una nuova pianta. Per propagare le erbe attraverso i talee, scegli una pianta sana e matura. Utilizzando forbici o cesoie pulite e affilate, taglia una sezione di stelo di 10-15 centimetri appena sotto un

nodo fogliare. Rimuovi eventuali foglie inferiori dal taglio, lasciandone solo alcune in cima.
Prepara un piccolo vaso con un terreno ben drenante e crea un piccolo buco al centro. Intingi l'estremità tagliata del gambo in una polvere di ormone radicante per favorire lo sviluppo delle radici. Inserisci il taglio nel buco nel terreno, assicurandoti che almeno un nodo sia sepolto. Premi delicatamente il terreno intorno al taglio per fissarlo in posizione. Annaffia abbondantemente il taglio e posizionalo in un'area calda e ben illuminata, lontano dalla luce solare diretta.
Sia la semina dei semi che la propagazione delle erbe attraverso i talee richiedono pazienza e cura. È importante monitorare i livelli di umidità del terreno e fornire acqua adeguata senza annaffiare eccessivamente. Controlla regolarmente segni di crescita e regola le condizioni di illuminazione se necessario. Man mano che i semi germogliano o i talee sviluppano radici, puoi gradualmente abituarli alle condizioni esterne prima di trapiantarli nel tuo orto di erbe.
Semina i semi e propagare le erbe ti offre l'opportunità di coltivare una vasta gamma di erbe e ampliare il tuo orto di erbe. Che tu scelga di iniziare dai semi o propagare piante esistenti, la soddisfazione di vedere le tue erbe crescere da piccoli semi o talee in piante rigogliose è davvero gratificante. Nei capitoli successivi, approfondiremo le tecniche e le considerazioni specifiche per coltivare diverse erbe, consentendoti di coltivare un orto di erbe rigoglioso e abbondante a casa tua.

1.7 PRENDERSI CURA DELLE TUE PIANTE DI ERBE

Prendersi cura delle tue piante aromatiche è essenziale per garantirne la salute e la produttività. Fornendo le giuste cure, potrai godere di un abbondante raccolto di erbe fresche durante tutto l'anno. In questa sezione, discuteremo alcuni aspetti importanti della cura delle piante aromatiche, tra cui l'irrigazione, la concimazione e il controllo dei parassiti.
L'irrigazione è un aspetto cruciale della cura delle piante aromatiche. La maggior parte delle erbe preferisce un terreno ben drenato, quindi è importante non annaffiarle eccessivamente. La frequenza dell'irrigazione dipenderà da vari fattori come il tipo di erba, le condizioni meteorologiche e il tipo di terreno. Come regola generale, è meglio annaffiare le piante aromatiche quando il primo centimetro di terreno risulta asciutto al tatto. Evita di bagnare le foglie, poiché ciò può causare malattie fungine. Invece, annaffia alla base delle piante per garantire che le radici ricevano la giusta quantità di umidità.

La concimazione delle piante aromatiche è un altro aspetto importante della cura. Le erbe in genere richiedono una quantità moderata di nutrienti per prosperare. Puoi utilizzare concimi organici come compost o letame ben decomposto per fornire i nutrienti necessari. Applica il concime seguendo le istruzioni riportate sulla confezione, facendo attenzione a non sovraconcimare, poiché ciò potrebbe portare a una crescita eccessiva delle foglie a discapito del sapore. È anche una buona idea controllare periodicamente il livello di pH del

terreno e regolarlo se necessario, poiché diverse erbe hanno preferenze diverse per il pH.
Il controllo dei parassiti è una parte integrante della cura delle piante aromatiche. I parassiti comuni che possono colpire le erbe includono afidi, acari e bruchi. Ispeziona regolarmente le tue piante per individuare eventuali segni di infestazione da parassiti, come foglie ingiallite, crescita distorta o insetti visibili. Se noti parassiti, puoi provare a utilizzare rimedi naturali come sapone insetticida o olio di neem per controllarli. È importante agire prontamente per evitare che i parassiti si diffondano ad altre piante.
Oltre all'irrigazione, alla concimazione e al controllo dei parassiti, è anche importante potare regolarmente le tue piante aromatiche. La potatura aiuta a promuovere una crescita più folta e impedisce alle piante di diventare legnose. Rimuovi eventuali foglie morte o ingiallite, così come eventuali steli che stanno soffocando la pianta. Puoi anche pizzicare le punte delle piante per favorire la ramificazione. La potatura regolare manterrà non solo le tue piante aromatiche ordinate, ma migliorerà anche la loro salute complessiva e la produttività.
Infine, è importante monitorare la salute generale delle tue piante aromatiche. Stai attento a eventuali segni di malattia, come appassimento, decolorazione o modelli di crescita insoliti. Se noti qualche problema, agisci immediatamente per affrontarlo. Ciò potrebbe comportare l'adeguamento delle pratiche di irrigazione o concimazione, il miglioramento della circolazione dell'aria intorno alle piante o l'utilizzo di metodi di controllo delle malattie organici.
Seguendo queste linee guida di cura, puoi garantire che le tue piante aromatiche prosperino e ti forniscano un'offerta continua di erbe fresche e saporite. Ricorda di osservare

attentamente le tue piante e apportare eventuali modifiche necessarie. Con le cure adeguate, il tuo giardino di erbe fiorirà e porterà gioia alle tue esperienze culinarie.

1.8 RACCOGLIERE E CONSERVARE LE ERBE

La raccolta e la conservazione delle erbe sono una parte essenziale dell'orticultura delle erbe. Ciò ti permette di godere dei sapori e degli aromi delle tue erbe anche dopo la fine della stagione di crescita. In questa sezione, esploreremo le migliori pratiche per la raccolta e la conservazione delle erbe per garantirne freschezza e potenza.

Quando si tratta di raccogliere le erbe, il momento giusto è cruciale. La maggior parte delle erbe raggiunge il massimo di sapore e aroma poco prima di fiorire. È in questo momento che gli oli essenziali che conferiscono alle erbe le loro qualità distintive sono presenti in concentrazione più elevata. Per raccogliere le tue erbe, basta tagliare gli steli appena sopra un insieme di foglie. Questo incoraggerà la pianta a continuare a produrre nuove crescite.

È importante raccogliere le erbe al mattino, dopo che la rugiada si è asciugata ma prima del calore della giornata. È in questo momento che gli oli essenziali sono più concentrati nelle foglie. Evita di raccogliere le erbe dopo una pioggia, poiché l'eccesso di umidità può diluire il sapore e l'aroma.

Una volta raccolte le erbe, è il momento di conservarle per l'uso futuro. Ci sono diversi metodi che puoi utilizzare per conservare le erbe, a seconda delle tue preferenze e delle erbe con cui stai lavorando.

L'essiccazione delle erbe è uno dei metodi più comuni di conservazione. Per essiccare le erbe, basta legarle in piccoli mazzetti e appenderle a testa in giù in un luogo fresco e asciutto. Assicurati che le erbe non siano esposte alla luce

diretta del sole, poiché ciò potrebbe far perdere loro sapore e colore. Una volta che le erbe sono completamente asciutte, rimuovi le foglie dagli steli e conservale in contenitori ermetici.
Un altro metodo popolare per conservare le erbe è il congelamento. Il congelamento delle erbe ti permette di conservarne il sapore e l'aroma freschi. Per congelare le erbe, basta lavarle e asciugarle accuratamente, quindi tagliarle a pezzetti. Metti le erbe tagliate in stampi per cubetti di ghiaccio e riempi ogni compartimento con acqua o olio d'oliva. Una volta congelati, trasferisci i cubetti di erbe in un sacchetto o contenitore per la conservazione a lungo termine.
Se preferisci conservare le erbe nella loro forma fresca, puoi anche conservarle in frigorifero. Basta avvolgere le erbe in un tovagliolo di carta umido e metterle in un sacchetto o contenitore di plastica. Questo aiuterà a mantenere le erbe idratate e fresche per un massimo di una settimana.
Quando utilizzi le erbe conservate nella tua cucina, è importante ricordare che le erbe essiccate sono più potenti delle erbe fresche. Come regola generale, dovresti utilizzare circa un terzo o la metà della quantità di erbe essiccate rispetto alle erbe fresche richieste in una ricetta. In questo modo si garantirà un equilibrio dei sapori senza che siano troppo intensi.
In conclusione, la raccolta e la conservazione delle erbe sono abilità gratificanti e pratiche per ogni orticoltore di erbe. Seguendo le tecniche corrette, puoi godere dei sapori e degli aromi delle tue erbe tutto l'anno. Che tu scelga di essiccare, congelare o conservare le tue erbe in frigorifero, la chiave è trattarle con cura e conservarne freschezza e potenza.
Quindi, vai avanti, raccogli quelle erbe e assapora il gusto delle tue prelibatezze coltivate in casa.

1.9 UTILIZZARE LE ERBE IN CUCINA E NEI RIMEDI CASALINGHI

Utilizzare le erbe in cucina e nei rimedi casalinghi è uno dei risultati più gratificanti della coltivazione del proprio orto di erbe. Non solo le erbe aggiungono sapore e aroma ai piatti, ma hanno anche numerosi benefici per la salute che possono essere sfruttati per rimedi naturali.

Quando si tratta di cucinare con le erbe, le possibilità sono infinite. Che si tratti di preparare un'insalata semplice, una zuppa sostanziosa o un pasto gourmet, le erbe possono elevare i sapori e rendere i tuoi piatti davvero memorabili. Dalla classica combinazione di basilico, pomodoro e mozzarella in un'insalata Caprese alla miscela aromatica di rosmarino, timo e aglio in un pollo arrosto, le erbe possono trasformare i pasti ordinari in straordinarie esperienze culinarie.

Oltre ad esaltare il gusto del cibo, le erbe offrono anche una serie di benefici per la salute. Molte erbe sono ricche di antiossidanti, vitamine e minerali che possono sostenere il tuo benessere generale. Ad esempio, il basilico è noto per le sue proprietà antinfiammatorie e può aiutare a ridurre l'infiammazione nel corpo. La menta viene spesso utilizzata per lenire disturbi digestivi e alleviare i sintomi dell'indigestione. Il rosmarino è stato dimostrato che migliora la memoria e le funzioni cognitive. Il prezzemolo è una grande fonte di vitamina C e può potenziare il sistema immunitario. Il coriandolo è noto per le sue proprietà disintossicanti e può aiutare a rimuovere i metalli pesanti dal

corpo. La rucola è ricca di vitamine A e K, che sono essenziali per ossa e vista sane.
Oltre alla cucina, le erbe possono essere utilizzate anche in vari rimedi casalinghi. Da secoli, le persone si sono affidate alle proprietà curative delle erbe per trattare disturbi comuni. Ad esempio, una tazza di tè alla camomilla può aiutare a calmare i nervi e favorire il rilassamento. L'olio di menta piperita può essere utilizzato per alleviare mal di testa e lenire il dolore muscolare. Le foglie di eucalipto possono essere bollite per creare un'inalazione a vapore per congestione e problemi respiratori. L'olio di lavanda può essere applicato topicamente per favorire il sonno e ridurre l'ansia. Questi sono solo alcuni esempi di come le erbe possono essere utilizzate per migliorare la salute e il benessere in modo naturale.
Quando si utilizzano le erbe in cucina e nei rimedi casalinghi, è importante utilizzare erbe fresche e di alta qualità. Il sapore e la potenza delle erbe sono al massimo quando vengono appena raccolte. Puoi raccogliere le erbe dal tuo orto quando ne hai bisogno o conservarle correttamente per un uso successivo. L'essiccazione delle erbe è un metodo popolare per conservarne il sapore e l'aroma. Basta appendere le erbe a testa in giù in un luogo fresco e asciutto fino a quando non sono completamente secche. Una volta essiccate, puoi conservarle in contenitori ermetici lontano dalla luce diretta del sole.
In conclusione, utilizzare le erbe in cucina e nei rimedi casalinghi è un modo meraviglioso per sfruttare al massimo il tuo orto di erbe. Non solo le erbe aggiungono profondità e sapore ai tuoi piatti, ma offrono anche una serie di benefici per la salute. Che tu sia uno chef esperto o un cuoco alle prime armi, sperimentare con le erbe può portare le tue

abilità culinarie a nuove vette. E quando si tratta di rimedi naturali, le erbe sono state utilizzate per secoli per favorire la guarigione e il benessere. Quindi, vai avanti, esplora il mondo delle erbe e scopri le infinite possibilità che offrono in cucina e oltre.

1.10 RISOLVERE I PROBLEMI COMUNI DEL GIARDINO DI ERBE

In ogni attività di giardinaggio, è inevitabile incontrare delle sfide lungo il percorso. Anche il giardinaggio delle erbe non fa eccezione. Tuttavia, con un po' di conoscenza e preparazione, è possibile risolvere facilmente i problemi comuni che possono sorgere nel tuo giardino di erbe.

Un problema comune che i giardinieri di erbe affrontano è l'infestazione da parassiti. Parassiti come afidi, lumache e bruchi possono causare danni alle foglie e rallentare la crescita delle tue piante di erbe. Per combattere questi parassiti, puoi provare a utilizzare rimedi naturali come l'olio di neem o il sapone insetticida. Queste soluzioni organiche sono sicure sia per le tue piante che per l'ambiente.

Un'altra problematica che i giardinieri di erbe incontrano spesso sono le malattie. Malattie fungine come la muffa bianca e la marciume delle radici possono influire sulla salute delle tue piante di erbe. Per prevenire queste malattie, è importante fornire una corretta circolazione dell'aria e evitare l'eccessiva irrigazione. Se noti segni di malattia, rimuovi prontamente le piante interessate e trattale con un fungicida adatto.

Le carenze nutritive possono anche essere un problema comune nei giardini di erbe. La mancanza di nutrienti essenziali come azoto, fosforo e potassio può causare una crescita rallentata e una scarsa salute delle piante. Concimare regolarmente il tuo giardino di erbe con un fertilizzante organico equilibrato può aiutare a prevenire carenze

nutritive. Inoltre, è importante assicurarsi che il terreno abbia un buon drenaggio e sia ricco di materia organica.
La mancanza di luce solare adeguata può anche rappresentare una sfida per i giardinieri di erbe. La maggior parte delle erbe richiede almeno 6-8 ore di luce solare diretta al giorno per prosperare. Se il tuo giardino si trova in un'area ombreggiata, considera l'uso di superfici riflettenti o luci artificiali per integrare la luce solare naturale. Inoltre, fai attenzione alla posizione delle tue piante di erbe per assicurarti che ricevano la luce solare ottimale durante tutto il giorno.
L'eccessiva affollamento è un altro problema che può influire sulla salute e la produttività del tuo giardino di erbe. Quando le erbe vengono piantate troppo vicine l'una all'altra, possono competere per le risorse e diventare più suscettibili alle malattie. Per evitare l'eccessiva affollamento, assicurati di spaziare le tue piante di erbe in base alle loro specifiche esigenze. Ciò permetterà una corretta circolazione dell'aria e preverrà la diffusione delle malattie.
Infine, è importante prestare attenzione alla qualità del tuo terreno. Una scarsa qualità del terreno può ostacolare la crescita e lo sviluppo delle tue piante di erbe. Prima di piantare, assicurati che il tuo terreno abbia un buon drenaggio e un pH equilibrato. L'aggiunta di materia organica come compost o letame maturo può migliorare la fertilità e la struttura del terreno.
Essendo consapevoli di questi problemi comuni del giardino di erbe e adottando misure preventive, puoi garantire il successo dei tuoi sforzi di giardinaggio delle erbe. Ricorda di monitorare regolarmente le tue piante, fornire cure adeguate e affrontare prontamente eventuali problemi. Con pazienza e

dedizione, sarai ricompensato con un giardino di erbe rigoglioso e abbondante.

BASILICO: IL RE DELLE ERBE

2.1 VARIAZIONI DI BASILICO

Il basilico, conosciuto anche come il re delle erbe, è una pianta versatile e aromatica che viene ampiamente utilizzata in cucina e nella preparazione di rimedi naturali. Esistono diverse varietà di basilico, ognuna con il proprio sapore e caratteristiche uniche.

Una varietà popolare è il Basilico Dolce, che è il tipo di basilico più comunemente utilizzato in cucina. Ha un sapore dolce e leggermente piccante che si abbina bene con pomodori, pasta e salsa pesto. Il Basilico Dolce è anche un'ottima aggiunta a insalate e panini, conferendo un sapore fresco e vibrante.

Un'altra varietà è il Basilico Genovese, spesso utilizzato nella cucina italiana. Ha un sapore forte e robusto, perfetto per preparare la tradizionale salsa pesto. Il Basilico Genovese ha foglie grandi di colore verde scuro e un gusto leggermente pepato, rendendolo un preferito tra chef e cuochi casalinghi.

Il Basilico Thai è un'altra varietà popolare, conosciuta per il suo sapore simile all'anice. Viene comunemente utilizzato in piatti thailandesi e vietnamiti, conferendo un gusto unico e aromatico. Il Basilico Thai ha foglie più piccole e un gambo viola, rendendolo visivamente attraente nei giardini di erbe aromatiche.

Il Basilico al Limone è una varietà che ha un sapore agrumato e rinfrescante. Aggiunge un gusto luminoso e tangy ai piatti, rendendolo un'ottima aggiunta a frutti di mare, insalate e

dessert. Il Basilico al Limone ha anche un aroma piacevole che può migliorare l'umore e arricchire l'esperienza culinaria complessiva.
Esistono anche altre varietà di basilico, come il Basilico alla Cannella, che ha un sapore caldo e speziato, e il Basilico Viola, che ha un gusto leggermente piccante e aggiunge un tocco di colore ai piatti. Ogni varietà di basilico porta con sé un profilo di sapore distintivo e può essere utilizzata in una varietà di creazioni culinarie.
Quando scegli il basilico per il tuo giardino domestico, considera il profilo di sapore desiderato e i piatti che hai intenzione di preparare. Sperimenta con diverse varietà per trovare le tue preferite e goditi l'abbondanza di sapori che il basilico ha da offrire. Che tu sia uno chef esperto o un giardiniere principiante, coltivare il basilico a casa è un'esperienza gratificante che arricchirà le tue avventure culinarie.

2.2 COLTIVARE IL BASILICO DA SEMI

Coltivare il basilico dai semi è un modo gratificante ed economico per iniziare il tuo orto di erbe. Con un po' di pazienza e cura, potrai godere di un'abbondante raccolta di questa pianta aromatica.

Per iniziare, raccogli semi di basilico di alta qualità da una fonte affidabile. Ci sono molte varietà di basilico disponibili, ognuna con il suo sapore e aroma unici. Scegli la varietà che si adatta alle tue preferenze di gusto e alle condizioni di crescita.

Prima di seminare i semi, prepara un terreno ben drenante o un substrato per la germinazione dei semi. Riempi piccoli vasi o vassoi per semi con il substrato, lasciando circa mezzo centimetro di spazio in cima. Bagna il substrato con acqua, assicurandoti che sia uniformemente umido ma non inzuppato.

Successivamente, spargi i semi di basilico uniformemente sulla superficie del terreno. È importante non seppellire troppo i semi, poiché i semi di basilico richiedono luce per germinare. Premi delicatamente i semi nel terreno, assicurando un buon contatto tra seme e terreno.

Copri i vasi o i vassoi con una cupola di plastica trasparente o con della pellicola trasparente per creare un ambiente simile a una serra. Questo aiuterà a trattenere l'umidità e creare un'atmosfera calda per la germinazione. Posiziona i vasi o i vassoi in un luogo caldo, idealmente tra i 21-27°C.

Controlla i vasi o i vassoi quotidianamente per segni di germinazione. I semi di basilico di solito germogliano entro 5-10 giorni, ma può richiedere più tempo a temperature più

basse. Una volta che le piantine emergono, rimuovi la copertura di plastica e posiziona i vasi o i vassoi in un luogo con luce solare indiretta intensa.
Man mano che le piantine crescono, assicurati che ricevano almeno 6-8 ore di luce solare al giorno. Se non hai accesso alla luce solare naturale, puoi utilizzare luci fluorescenti per la crescita per fornire la luce necessaria.
Irriga regolarmente le piantine, mantenendo il terreno uniformemente umido ma non inzuppato. Evita di annaffiare eccessivamente, poiché ciò può portare al marciume delle radici. È meglio annaffiare dal basso posizionando i vasi o i vassoi in un vassoio poco profondo riempito d'acqua. Lascia che il terreno assorba l'acqua attraverso i fori di drenaggio, quindi rimuovi i vasi o i vassoi dal vassoio per evitare il ristagno dell'acqua.
Una volta che le piantine hanno sviluppato la loro prima serie di vere foglie, è il momento di diradare. Ciò comporta la rimozione delle piantine più deboli, lasciando solo quelle più forti e sane. La diradatura consente alle piantine rimanenti di avere abbastanza spazio e risorse per crescere robuste.
Dopo la diradatura, continua a prenderti cura delle piantine di basilico fornendo una luce solare, acqua e nutrienti adeguati. Concima le piantine con un fertilizzante liquido bilanciato ogni due settimane, seguendo le istruzioni del produttore.
Quando le piantine hanno raggiunto un'altezza di 10-15 cm e hanno sviluppato diverse serie di foglie, sono pronte per essere trapiantate in vasi più grandi o direttamente in giardino. Indurisci le piantine gradualmente esponendole gradualmente alle condizioni esterne per un periodo di 7-10 giorni.

Scegli una posizione soleggiata nel tuo giardino con un terreno ben drenante per il trapianto. Scava un buco leggermente più grande della zolla delle radici della piantina e posizionala delicatamente nel buco. Riempi il buco con il terreno, compattandolo delicatamente intorno alla base della pianta. Annaffia abbondantemente le piantine trapiantate per aiutarle a stabilirsi nel loro nuovo ambiente.

Durante la stagione di crescita, continua a fornire regolarmente acqua, luce solare e nutrienti alle tue piante di basilico. Pizzica regolarmente le punte delle piante per favorire una crescita più cespugliosa e prevenire una fioritura precoce.

Seguendo questi passaggi, puoi coltivare con successo il basilico dai semi e goderti un'offerta continua di foglie fresche e aromatiche per delizie culinarie. Sperimenta con diverse varietà di basilico per scoprire i tuoi sapori e aromi preferiti. Buona coltivazione del basilico!

2.3 TRAPIANTARE LE PIANTINE DI BASILICO

Il trapianto delle piantine di basilico è un passaggio importante nel processo di crescita di questa erbacea aromatica. Una volta che le piantine di basilico hanno sviluppato un forte sistema radicale e raggiunto un'altezza di circa 10-15 centimetri, sono pronte per essere trapiantate nel luogo definitivo.

Prima di effettuare il trapianto, è fondamentale scegliere un luogo adatto per le piante di basilico. Il basilico prospera in pieno sole, quindi seleziona un'area del tuo giardino che riceva almeno 6-8 ore di luce solare diretta al giorno. Inoltre, assicurati che il terreno sia ben drenato e ricco di materia organica.

Per iniziare il processo di trapianto, prepara il terreno allentandolo con una forchetta da giardino o un motozappa. Rimuovi eventuali erbacce o detriti dall'area per creare un letto di semina pulito per le piantine di basilico.

Successivamente, scava un buco leggermente più grande della zolla radicale della piantina di basilico. Rimuovi delicatamente la piantina dal suo contenitore, facendo attenzione a non danneggiare le delicate radici. Se le radici sono strettamente intrecciate, puoi separarle delicatamente per favorire la crescita verso l'esterno.

Posiziona la piantina di basilico nel buco, assicurandoti che la parte superiore della zolla radicale sia livellata con il terreno circostante. Riempire il buco con il terreno, compattandolo delicatamente intorno alla base della pianta per garantire stabilità.

Dopo il trapianto, irriga abbondantemente la piantina di basilico per aiutare a stabilizzare il terreno ed eliminare eventuali sacche d'aria intorno alle radici. È importante mantenere il terreno costantemente umido durante le prime settimane dopo il trapianto per favorire uno sviluppo radicale sano.

Per proteggere le piantine di basilico appena trapiantate dalle condizioni meteorologiche avverse o dagli insetti dannosi, potresti considerare l'utilizzo di una copertura protettiva come una cloche o una rete di protezione. Questo proteggerà le piante durante l'acclimatazione al nuovo ambiente.

Nelle settimane successive, continua a monitorare i livelli di umidità del terreno e irriga quando necessario. Le piante di basilico preferiscono un terreno uniformemente umido, quindi fai attenzione a non annaffiare eccessivamente o permettere al terreno di diventare troppo bagnato.

Man mano che le tue piante di basilico continuano a crescere, puoi fornire un ulteriore supporto posizionando dei tutori o delle gabbie intorno ad esse. Questo aiuterà a prevenire che le piante si pieghino o si rompano sotto il proprio peso e favorirà una crescita eretta.

Il trapianto delle piantine di basilico è un processo gratificante che ti permette di creare un giardino di basilico rigoglioso. Con cure adeguate e attenzione, le tue piante di basilico prospereranno e ti offriranno un'abbondante raccolta di foglie aromatiche che potrai utilizzare in una varietà di piatti culinari.

2.4 POTARE E PIZZICARE LE PIANTE DI BASILICO

La potatura e la pizzicatura delle piante di basilico sono una parte essenziale della loro cura e manutenzione. Potando e pizzicando regolarmente le piante di basilico, è possibile incoraggiare una crescita più folta, evitare che diventino legnose e favorire la produzione di foglie più saporite.

Per potare le piante di basilico, inizia identificando il fusto principale o i fusti della pianta. Utilizzando un paio di cesoie da potatura pulite e affilate, effettua un taglio pulito appena sopra un insieme di foglie sane o nodi fogliari. Questo incoraggerà la pianta a ramificarsi e crescere in modo più compatto. È importante potare il basilico regolarmente, soprattutto quando le piante sono giovani e in fase di crescita attiva, per evitare che diventino troppo alte e filiformi.

La pizzicatura delle piante di basilico consiste nell'utilizzare le dita per pizzicare via l'insieme superiore di foglie o la punta di crescita di ogni stelo. Questo processo viene eseguito schiacciando delicatamente il fusto tra il pollice e l'indice e spezzando la parte superiore. La pizzicatura delle piante di basilico aiuta a promuovere la crescita laterale e favorisce lo sviluppo di più germogli laterali, ottenendo così una pianta più folta.

Durante la potatura o la pizzicatura delle piante di basilico, è importante rimuovere anche eventuali foglie ingiallite o danneggiate. Ciò contribuisce a mantenere la salute e l'aspetto complessivo della pianta. Inoltre, rimuovendo eventuali fiori che possono apparire, è possibile indirizzare

l'energia della pianta verso la produzione di foglie anziché di semi.
Si consiglia di potare e pizzicare regolarmente le piante di basilico durante l'intera stagione di crescita, soprattutto quando raggiungono un'altezza di circa 15-20 centimetri. Ciò contribuirà a mantenere una forma compatta e folta, garantendo un'offerta continua di foglie fresche per l'uso culinario.
Dopo aver potato o pizzicato le piante di basilico, è consigliabile dar loro una leggera annaffiatura per aiutarle a riprendersi e stimolare una nuova crescita. Assicurati di annaffiare alla base della pianta per evitare di bagnare le foglie, poiché ciò può aumentare il rischio di malattie fungine.
In conclusione, la potatura e la pizzicatura delle piante di basilico sono tecniche importanti per mantenere piante sane e produttive. Potando e pizzicando regolarmente, è possibile favorire una crescita più folta, evitare la legnosità e migliorare il sapore delle foglie. Ricorda di rimuovere eventuali foglie ingiallite o danneggiate e fiori per mantenere la salute complessiva della pianta. Con la cura e l'attenzione adeguata, le tue piante di basilico prospereranno e ti forniranno un'abbondante raccolta di foglie aromatiche.

2.5 INNAFFIARE E FERTILIZZARE IL BASILICO

L'irrigazione e la concimazione corrette sono fondamentali per la crescita sana delle piante di basilico. In questa sezione, discuteremo le migliori pratiche per l'irrigazione e la concimazione del basilico per ottenere risultati ottimali.
L'irrigazione è cruciale per le piante di basilico, poiché richiedono un'umidità costante per prosperare. È importante mantenere il terreno uniformemente umido, ma non inzuppato. L'eccessiva irrigazione può causare marciume delle radici e altre malattie, mentre la mancanza di acqua può far appassire le piante e causare carenze nutritive.
Per irrigare le piante di basilico, si consiglia di utilizzare un annaffiatoio o una doccia a spruzzo delicata. Ciò consente una distribuzione controllata e uniforme dell'acqua. Innaffia le piante alla base, vicino al terreno, anziché dall'alto, per evitare che le foglie si bagnino. Le foglie bagnate aumentano il rischio di malattie fungine.
La frequenza dell'irrigazione dipenderà da vari fattori come il clima, le dimensioni delle piante e il tipo di terreno. Come linea guida generale, irriga le piante di basilico quando il primo centimetro di terreno risulta asciutto al tatto. Evita di far seccare completamente il terreno tra un'irrigazione e l'altra, poiché ciò può stressare le piante.
Oltre all'irrigazione corretta, la concimazione delle piante di basilico è importante per fornire loro i nutrienti necessari per una crescita sana. Il basilico è una pianta che richiede una buona quantità di nutrienti e beneficia di una concimazione regolare.

Prima di piantare il basilico, si consiglia di arricchire il terreno con materia organica come compost o letame ben decomposto. Ciò contribuisce a migliorare la fertilità del terreno e fornisce una buona base per le piante.
Durante la stagione di crescita, puoi supportare ulteriormente la crescita del basilico applicando concime organico equilibrato ogni quattro-sei settimane. Cerca un concime con quantità uguali di azoto, fosforo e potassio (NPK). Questo fornirà un profilo nutritivo completo per le tue piante.
Quando applichi il concime, segui le istruzioni riportate sull'etichetta per la dose consigliata. Evita di sovraconcimare, poiché ciò può portare a una crescita eccessiva delle foglie a discapito del sapore e dell'aroma. È meglio essere cauti e applicare meno concime di quanto raccomandato, soprattutto se il terreno è già ricco di nutrienti.
In conclusione, l'irrigazione e la concimazione corrette delle piante di basilico sono fondamentali per la loro salute generale e produttività. Ricorda di irrigare in modo coerente, mantenendo il terreno uniformemente umido ma non inzuppato. Inoltre, fornisci una concimazione regolare per garantire che le tue piante di basilico ricevano i nutrienti necessari per una crescita robusta. Seguendo queste linee guida, sarai sulla buona strada per coltivare basilico sano e saporito nel tuo giardino domestico.

2.6 PARASSITI E MALATTIE COMUNI DEL BASILICO

Il basilico, essendo un'erba molto popolare, non è immune a parassiti e malattie. È importante che i coltivatori di erbe siano consapevoli di questi problemi comuni e adottino le misure necessarie per prevenirli e trattarli.
Un parassita comune che colpisce le piante di basilico sono gli afidi. Questi piccoli insetti si nutrono della linfa della pianta, causando il ricciolo e il giallimento delle foglie. Per controllare gli afidi, è possibile spruzzare sulle piante interessate una miscela di acqua e sapone per piatti o utilizzare un sapone insetticida. Coccinelle e crisopidi sono predatori naturali degli afidi e possono essere introdotti nel giardino per aiutare a controllare la loro popolazione.
Un altro parassita che può attaccare il basilico è la mosca bianca. Questi piccoli insetti bianchi succhiano la linfa dalle foglie, causando il loro ingiallimento e appassimento. Per controllare le mosche bianche, è possibile utilizzare trappole gialle adesive per catturare gli adulti e spruzzare regolarmente le piante con olio di neem o sapone insetticida.
Le malattie fungine possono anche colpire le piante di basilico, specialmente in condizioni umide. Una malattia fungina comune è la muffa bianca, che si presenta come un rivestimento bianco polveroso sulle foglie. Per prevenire la muffa bianca, assicurarsi di fornire una buona circolazione dell'aria intorno alle piante e evitare l'irrigazione dall'alto. Se la muffa bianca si presenta, è possibile spruzzare le piante con una miscela di acqua e bicarbonato di sodio o utilizzare un fungicida specifico per il controllo della muffa bianca.

Un'altra malattia fungina che può colpire il basilico è la muffa grigia. Questa malattia causa ingiallimento e appassimento delle foglie, insieme a una peluria grigio-violacea sul lato inferiore. Per prevenire la muffa grigia, evitare l'irrigazione dall'alto e fornire una buona circolazione dell'aria. Se la muffa grigia è presente, rimuovere e distruggere le piante interessate per evitare ulteriori propagazioni.
La marciume delle radici è un problema comune nelle piante di basilico, specialmente quando il terreno è costantemente umido. Questa malattia provoca il marciume delle radici, portando all'appassimento e al giallimento delle foglie. Per prevenire il marciume delle radici, assicurarsi di fornire un terreno ben drenato ed evitare l'eccesso di irrigazione. Se si verifica il marciume delle radici, rimuovere le piante interessate e migliorare il drenaggio nella zona.
Essendo consapevoli di questi parassiti e malattie comuni del basilico, è possibile adottare misure preventive per prevenirli e trattarli nel proprio giardino di erbe. Ispezionare regolarmente le piante per eventuali segni di infestazione o malattia e prendere le misure appropriate per mantenere il basilico sano e rigoglioso.

MENTA: UN'ERBA RINFRESCANTE

3.1 DIVERSI TIPI DI MENTA

La menta è un'erba versatile che si presenta in varie tipologie, ognuna con il suo unico sapore e aroma. Ecco alcuni dei tipi di menta più popolari che puoi considerare di coltivare nel tuo giardino di erbe:

1. Menta piperita: Conosciuta per il suo sapore forte e rinfrescante, la menta piperita è una scelta popolare per tisane, dessert e cocktail. Ha un effetto rinfrescante e un gusto mentolato distintivo che può alleviare indigestione e mal di testa.
2. Menta verde: Con un sapore più delicato rispetto alla menta piperita, la menta verde è comunemente utilizzata in piatti culinari come insalate, salse e marinature. Ha un gusto dolce e leggermente fruttato che aggiunge una nota rinfrescante a qualsiasi ricetta.
3. Menta al cioccolato: Come suggerisce il nome, questa varietà di menta ha un delizioso aroma e sapore di cioccolato. Viene spesso utilizzata in dessert, cioccolata calda e persino cocktail. La menta al cioccolato può anche essere un ottimo ingrediente per tisane, offrendo un tocco unico alla tua bevanda.
4. Menta mela: Questa varietà di menta ha un sottile profumo e sapore simile alla mela, rendendola una scelta popolare per insalate di frutta, bevande e

dessert. Aggiunge una nota rinfrescante e leggermente dolce ai tuoi piatti, migliorandone il sapore complessivo.

5. Menta arancione: Con il suo aroma e sapore agrumato, la menta arancione è un ottimo ingrediente sia per piatti dolci che salati. Può essere utilizzata in insalate, marinature e persino cocktail. Il gusto vivace e agrumato della menta arancione aggiunge una freschezza esplosiva a qualsiasi ricetta.
6. Menta ananas: Questa varietà di menta ha un sapore tropicale e fruttato che ricorda l'ananas. Può essere utilizzata in una varietà di piatti, tra cui insalate, dessert e bevande. La menta ananas aggiunge un tocco unico e rinfrescante alle tue creazioni culinarie.
7. Menta limone: Come suggerisce il nome, la menta limone ha un aroma e un sapore agrumato simile ai limoni. Viene spesso utilizzata in tisane, cocktail e dessert. Il gusto acidulo e rinfrescante della menta limone può ravvivare qualsiasi piatto o bevanda.

Questi sono solo alcuni esempi dei molti tipi di menta disponibili. Ogni varietà ha le sue caratteristiche distintive, permettendoti di sperimentare e scoprire diversi sapori nella tua cucina e nelle tue preparazioni erboristiche. Che tu preferisca un gusto forte e rinfrescante o una nota delicata e fruttata, c'è una varietà di menta adatta alle tue preferenze.

3.2 PIANTARE LA MENTA IN CONTENITORI

Coltivare la menta in contenitori è un'ottima opzione per coloro che hanno spazio limitato o desiderano controllare la diffusione di questa pianta invasiva. La menta è nota per la sua crescita vigorosa e la tendenza a prendere il sopravvento sui letti del giardino se non viene adeguatamente contenuta. Piantando la menta in contenitori, è possibile godere del suo sapore e del suo aroma rinfrescante senza preoccuparsi che si diffonda in tutto il giardino.

Quando si sceglie un contenitore per piantare la menta, optare per uno che abbia almeno 30 centimetri di profondità e fori di drenaggio nella parte inferiore. La menta preferisce un terreno ben drenato, quindi assicurarsi che il contenitore permetta all'acqua in eccesso di fuoriuscire. È possibile utilizzare un vaso di plastica o di argilla, purché soddisfi questi requisiti.

Prima di piantare la menta nel contenitore, riempirlo con un terriccio di alta qualità. Questo fornirà i nutrienti necessari e il drenaggio per far prosperare la menta. Evitare di utilizzare il terreno del giardino, poiché potrebbe contenere parassiti o malattie che possono danneggiare le piante di menta.

Per piantare la menta, rimuovere delicatamente le piantine dai loro vasetti di vivaio e allentare le radici. Fare un piccolo buco nel terriccio e posizionare la piantina di menta al suo interno, assicurandosi che la parte superiore della zolla di radici sia livellata con la superficie del terreno. Riempire il buco con ulteriore terriccio e premere delicatamente per fissare la pianta.

Dopo la piantagione, annaffiare abbondantemente la menta per stabilizzare il terreno e garantire una buona radicazione. Le piante di menta richiedono un'irrigazione regolare per mantenere il terreno costantemente umido, ma non inzuppato. Controllare regolarmente il livello di umidità del terreno e annaffiare ogni volta che risulta asciutto al tatto.
Le piante di menta prosperano in pieno sole o in ombra parziale, quindi posizionare il contenitore in un luogo che riceva almeno 4-6 ore di sole al giorno. Se si vive in un clima caldo, è meglio fornire un po' di ombra nel pomeriggio per evitare che la menta appassisca o si secchi.
Un aspetto importante da considerare quando si coltiva la menta in contenitori è la sua tendenza a diffondersi attraverso stoloni sotterranei. Per evitare che la menta esca dal contenitore, è possibile posizionare una barriera, come un foglio di plastica o metallo, almeno 15 centimetri nel terreno intorno al perimetro del contenitore. Questo aiuterà a contenere le radici e a impedire loro di diffondersi oltre il contenitore.
La potatura regolare è anche essenziale per mantenere piante di menta sane e compatte nei contenitori. Potare regolarmente i rametti di menta per favorire una crescita più cespugliosa e prevenire che la pianta diventi legnosa. È possibile utilizzare le foglie potate per scopi culinari o per l'essiccazione.
In conclusione, coltivare la menta in contenitori è un modo pratico ed efficace per godere di questa erba rinfrescante senza preoccuparsi che si diffonda in tutto il giardino. Scegliere un contenitore adatto, fornire un terreno ben drenato, annaffiare regolarmente e posizionare il contenitore in un luogo soleggiato. Con la cura e la manutenzione

adeguata, è possibile avere una pianta di menta rigogliosa che aggiunge sapore e profumo alla propria casa.

3.3 MANTENERE L'UMIDITÀ PER LE PIANTE DI MENTA

Le piante di menta prosperano in condizioni di terreno umido, quindi è fondamentale mantenere livelli adeguati di umidità per garantire la loro crescita sana. Ecco alcuni consigli su come mantenere l'umidità per le piante di menta:

1. Irrigazione: Le piante di menta richiedono un'irrigazione regolare per mantenere il terreno costantemente umido. Innaffia in profondità, assicurandoti che l'acqua raggiunga la zona delle radici. Evita di annaffiare eccessivamente, poiché ciò può portare al marciume delle radici. Un buon punto di riferimento è annaffiare quando il primo centimetro di terreno risulta asciutto al tatto.
2. Pacciame: Applicare uno strato di pacciame organico intorno alla base delle piante di menta può aiutare a trattenere l'umidità nel terreno. Il pacciame agisce come una barriera, prevenendo l'evaporazione e riducendo la crescita delle erbacce. Utilizza materiali come la paglia, le scaglie di legno o il compost per creare uno strato di pacciame spesso circa 2-3 centimetri.
3. Irrigazione a goccia: Valuta l'utilizzo di un sistema di irrigazione a goccia per fornire un'irrigazione lenta e costante direttamente alle radici delle piante di menta. Questo metodo aiuta a ridurre la perdita di acqua per evaporazione e garantisce che le piante ricevano una quantità costante di umidità.
4. Evitare sovraffollamento: Le piante di menta possono diffondersi rapidamente, quindi è importante dar loro

abbastanza spazio per crescere. Il sovraffollamento può portare a una competizione per l'acqua e i nutrienti, causando una crescita scarsa e un aumento della suscettibilità alle malattie. Sfoltisci le piante sovraffollate per mantenere una corretta circolazione dell'aria e distribuzione dell'umidità.

5. Monitoraggio regolare: Tieni sotto controllo i livelli di umidità del terreno controllando regolarmente il suo contenuto di umidità. Inserisci il dito per circa un centimetro nel terreno per valutarne il livello di umidità. Se risulta asciutto, è il momento di annaffiare. Se risulta umido, aspetta prima di annaffiare finché il terreno non si asciuga leggermente.
6. Raccolta dell'acqua piovana: Approfitta delle piogge naturali raccogliendo l'acqua piovana in un bidone o un contenitore. Utilizza questa acqua raccolta per irrigare le tue piante di menta. L'acqua piovana è priva di sostanze chimiche presenti nell'acqua di rubinetto ed è benefica per la salute generale delle tue piante.

Seguendo questi consigli, puoi mantenere i livelli ottimali di umidità per le tue piante di menta, garantendo una crescita vigorosa e un'abbondante raccolta. Ricorda che ogni varietà di menta può avere requisiti leggermente diversi per l'umidità, quindi è essenziale osservare attentamente le tue piante e regolare la tua routine di irrigazione di conseguenza.

3.4 CONTROLLARE LA NATURA INVASIVA DELLA MENTA

La menta è un'erba meravigliosamente aromatica e rinfrescante che può aggiungere un tocco di sapore a una varietà di piatti e bevande. Tuttavia, è importante essere consapevoli della sua natura invasiva. La menta ha la tendenza a diffondersi rapidamente e prendere il sopravvento in un giardino se non controllata correttamente. In questa sezione, esploreremo alcune strategie per mantenere la menta sotto controllo e prevenire che diventi un fastidio nel tuo orto di erbe.

Un metodo efficace per controllare la natura invasiva della menta è coltivarla in contenitori. Piantare la menta in vasi o aiuole rialzate può aiutare a contenere la sua crescita e impedirle di diffondersi in tutto il giardino. Scegli un contenitore che abbia almeno 30 centimetri di profondità per consentire al sistema radicale della menta di svilupparsi adeguatamente. Assicurati di utilizzare un terriccio ben drenante e di annaffiare regolarmente la menta per mantenere il terreno umido.

Un'altra strategia per controllare la menta è creare una barriera fisica intorno alla pianta. Ciò può essere fatto affondando una barriera, come un bordo di plastica o metallo, nel terreno intorno alla menta. Questo impedirà alle radici sotterranee della menta di diffondersi oltre l'area designata. È importante controllare regolarmente la barriera e rimuovere eventuali germogli di menta che potrebbero cercare di sfuggire.

La potatura regolare è anche essenziale per controllare la natura invasiva della menta. Potando regolarmente le piante di menta, puoi impedire loro di diventare troppo grandi e diffondersi in modo incontrollato. La potatura favorisce anche una crescita più cespugliosa e aiuta a mantenere la salute complessiva della pianta. Utilizza delle cesoie da potatura affilate per tagliare i gambi della menta a circa 2-5 centimetri sopra il terreno. Ciò contribuirà a evitare che la menta diventi legnosa e favorirà una nuova crescita.

Se noti che le piante di menta iniziano a diffondersi oltre l'area designata, è importante agire immediatamente. Sgombra i germogli di menta che si stanno diffondendo e le loro radici, assicurandoti di rimuovere il maggior numero possibile di radici sotterranee. Puoi ripiantare la menta in un contenitore o eliminarla per evitare ulteriori diffusioni.

Oltre a queste strategie, è importante monitorare regolarmente le piante di menta per individuare eventuali segni di crescita invasiva. Stai attento a nuovi germogli che appaiono al di fuori dell'area designata o a segni che la menta si sta diffondendo nelle piante vicine. Catturando e affrontando questi problemi tempestivamente, puoi evitare che la menta diventi un problema nel tuo giardino.

Controllare la natura invasiva della menta richiede diligenza e manutenzione regolare, ma con le giuste strategie in atto, puoi godere dei benefici di questa erba rinfrescante senza che prenda il sopravvento nel tuo giardino. Coltivando la menta in contenitori, creando barriere fisiche, potando regolarmente e monitorando la crescita invasiva, puoi controllare con successo la diffusione della menta e mantenere un orto di erbe ben gestito.

3.5 RACCOGLIERE E UTILIZZARE LA MENTA FRESCA

La raccolta della menta fresca è un'esperienza deliziosa che ti permette di gustare pienamente il suo sapore e il suo aroma rinfrescante. Le foglie di menta possono essere raccolte durante tutta la stagione di crescita, a partire quando la pianta raggiunge circa 15 centimetri di altezza. Ecco alcuni consigli su come raccogliere e utilizzare la menta fresca nelle tue avventure culinarie.

Per raccogliere le foglie di menta, basta tagliare i rametti con una coppia di forbici affilate o cesoie da potatura. È meglio tagliare i rametti appena sopra un insieme di foglie, in modo da favorire la crescita di nuovi germogli e mantenere la pianta in ordine. Evita di tagliare più di un terzo della pianta alla volta, poiché ciò potrebbe stressare la menta e influire sulla sua salute complessiva.

Quando raccogli la menta, scegli le foglie di un verde vibrante e prive di segni di danni o decolorazione. Queste foglie avranno il miglior sapore e aroma. È anche una buona idea raccogliere la menta al mattino, quando gli oli essenziali sono concentrati al massimo.

Una volta raccolta la menta fresca, ci sono innumerevoli modi per utilizzarla nella tua cucina e nelle bevande. Le foglie di menta possono essere utilizzate in piatti dolci e salati, aggiungendo una freschezza e una nota di fresco. Ecco alcune idee per iniziare:

- Aggiungi foglie di menta fresca alle insalate per un tocco rinfrescante. La menta si abbina bene a frutta come anguria, fragole e agrumi.

- Usa le foglie di menta per preparare un tè saporito e aromatico. Basta lasciare in infusione un pugno di foglie in acqua calda per alcuni minuti, filtrare e gustare.
- Frulla le foglie di menta fresca nei frullati per un tocco di freschezza. La menta si abbina particolarmente bene a frutta tropicale come ananas e mango.
- Prepara una salsa o una salsa di menta fatta in casa per accompagnare carni arrosto o verdure grigliate. La menta, combinata con aceto, zucchero e spezie, crea un condimento fresco e saporito.
- Infusa le foglie di menta in olio d'oliva o aceto per creare una marinata o un condimento aromatizzato. Questo può aggiungere un tocco unico alle tue insalate e marinature.

Ricorda, le foglie di menta fresca sono meglio utilizzate immediatamente dopo la raccolta per gustarne appieno il sapore e l'aroma vibrante. Tuttavia, se hai un'eccessiva quantità di menta, puoi anche conservarla per l'uso successivo. Un metodo popolare è congelare le foglie di menta in cubetti di ghiaccio con un po' d'acqua. Questi cubetti di menta possono essere aggiunti alle bevande o utilizzati in cucina durante tutto l'anno.

In conclusione, raccogliere e utilizzare la menta fresca è un modo meraviglioso per migliorare le tue creazioni culinarie. Che tu la aggiunga alle insalate, faccia il tè o crei salse saporite, le foglie di menta fresca portano un tocco rinfrescante e aromatico a qualsiasi piatto. Quindi, esplora la versatilità di questa erba e lascia che il tuo palato sia deliziato dai sapori vibranti della menta fresca.

ROSMARINO: UN SEMPREVERDE PROFUMATO

4.1 COLTIVARE IL ROSMARINO DALLE TALEE

Coltivare il rosmarino da talee è un metodo popolare per propagare questa pianta sempreverde e profumata. Non solo è un modo economico per espandere la tua collezione di rosmarino, ma ti permette anche di preservare le caratteristiche di una pianta di rosmarino specifica che ti piace particolarmente.

Per iniziare, avrai bisogno di una pianta di rosmarino sana da cui prendere le talee. Cerca una pianta matura che abbia almeno un anno e che abbia steli forti e robusti. È meglio prendere le talee in primavera o all'inizio dell'estate, quando la pianta è in piena crescita.

Utilizzando un paio di cesoie da potatura pulite e affilate, seleziona uno stelo lungo circa 10-15 centimetri. Fai un taglio pulito appena sotto un nodo fogliare, che è dove le foglie si attaccano allo stelo. Rimuovi eventuali foglie dalla metà inferiore della talea, lasciando solo poche foglie nella parte superiore.

Successivamente, prepara un piccolo contenitore con un substrato ben drenante. Puoi utilizzare una miscela di perlite e torba in parti uguali o un substrato commerciale per la semina. Bagna leggermente il substrato, assicurandoti che sia umido ma non eccessivamente bagnato.

Immergi l'estremità tagliata della talea di rosmarino in una polvere o gel di ormone radicante. Questo aiuterà a stimolare la crescita delle radici e aumentare le possibilità di radicamento. Tappa delicatamente l'eccesso di ormone prima di inserire la talea nel substrato preparato.
Fai un piccolo buco nel substrato con il dito o una matita e inserisci con cura la talea nel buco. Premi saldamente il terreno intorno alla base della talea per garantire un buon contatto tra lo stelo e il substrato.
Dopo aver piantato la talea, posiziona il contenitore in un luogo caldo e luminoso, ma al riparo dalla luce solare diretta. Puoi coprire il contenitore con un sacchetto di plastica trasparente o una cupola di plastica per creare un effetto serra e trattenere l'umidità. Questo aiuterà a creare un ambiente umido che favorisce lo sviluppo delle radici.
Controlla regolarmente la talea per assicurarti che il substrato rimanga leggermente umido. Evita di annaffiare troppo, poiché ciò potrebbe causare la marciume. Spruzza la talea con acqua se il substrato inizia a seccarsi.
Nelle prossime settimane, la talea inizierà a sviluppare le radici. Puoi tirare delicatamente la talea per verificare la resistenza, che indica la formazione delle radici. Una volta che la talea ha sviluppato un buon sistema radicale, di solito dopo 4-6 settimane, puoi trapiantarla in un vaso più grande o direttamente nel tuo giardino.
Quando trapianti la talea radicata, scegli una posizione che riceva pieno sole e abbia un terreno ben drenante. Scava un buco leggermente più grande della zolla radicale e posiziona delicatamente la pianta nel buco. Riempi con il terreno, compattandolo delicatamente intorno alla base della pianta. Annaffia abbondantemente dopo il trapianto per aiutare a

stabilizzare il terreno e garantire un buon contatto tra le radici e il terreno.
Coltivare il rosmarino da talee può essere un modo gratificante e di successo per propagare questa versatile erba. Con un po' di pazienza e cura, potrai godere della bellezza e del profumo del rosmarino nel tuo giardino o anche in casa, su un soleggiato davanzale.

4.2 FORNIRE CONDIZIONI DI CRESCITA OTTIMALI PER IL ROSMARINO

Il rosmarino è un'erba versatile e aromatica che richiede specifiche condizioni di crescita per prosperare. Fornendo l'ambiente ottimale per le tue piante di rosmarino, puoi garantirne la salute e la produttività. Ecco alcuni fattori chiave da considerare quando si creano le condizioni di crescita perfette per il rosmarino:

1. Luce solare: Il rosmarino ama la luce solare e richiede almeno sei otto ore di luce solare diretta al giorno. Scegli una posizione nel tuo giardino che riceva abbondante luce solare durante tutto il giorno. Se coltivi il rosmarino in casa, posizionalo vicino a una finestra esposta a sud o utilizza luci di coltivazione per fornire una luce sufficiente.

2. Terreno: Il rosmarino preferisce un terreno ben drenato con un livello di pH compreso tra 6 e 7,5. I tipi di terreno sabbioso o limoso sono ideali per la coltivazione del rosmarino. Se il tuo terreno è pesante o argilloso, considera di migliorarlo con materia organica, come compost o letame maturo, per migliorare il drenaggio e la fertilità.

3. Irrigazione: Il rosmarino è resistente alla siccità e preferisce condizioni asciutte. Un'eccessiva irrigazione può causare marciume delle radici e altre malattie. Annaffia le tue piante di rosmarino in modo profondo ma non troppo frequente, consentendo al terreno di asciugarsi tra un'irrigazione e l'altra. Evita di bagnare la vegetazione, poiché ciò può favorire la crescita di funghi.

4. Temperatura: Il rosmarino prospera in climi caldi ed è resistente nelle zone USDA 8-10. Se vivi in una regione più fredda, considera di coltivare il rosmarino in contenitori che possono essere portati all'interno durante l'inverno. Proteggi le tue piante dal gelo coprendole con un tessuto antibrina o portandole all'interno quando le temperature scendono sotto lo zero.

5. Circolazione dell'aria: Una buona circolazione dell'aria è essenziale per prevenire malattie fungine nel rosmarino. Evita di sovraccaricare le tue piante e fornisci uno spazio adeguato tra di esse. Pota regolarmente il rosmarino per mantenere un portamento di crescita aperto e arioso, consentendo all'aria di circolare liberamente intorno alle piante.

6. Concimazione: Il rosmarino è un'erba relativamente a bassa manutenzione e non richiede una fertilizzazione pesante. Tuttavia, puoi applicare un concime organico bilanciato, come compost o un concime granulare a lenta cessione, all'inizio della primavera per fornire nutrienti essenziali. Evita di sovraconcimare, poiché ciò può portare a una crescita eccessiva della vegetazione a discapito di sapore e aroma.

7. Pacciame: L'applicazione di uno strato di pacciame organico intorno alle tue piante di rosmarino può aiutare a conservare l'umidità, sopprimere la crescita delle erbacce e regolare la temperatura del terreno. Utilizza materiali come la paglia, la corteccia di legno o le foglie secche per creare uno strato di pacciame spesso circa 2-3 pollici. Evita di pacciare direttamente contro i fusti per prevenire il marciume.

Seguendo queste linee guida e fornendo le condizioni di crescita ottimali per le tue piante di rosmarino, potrai godere di un'abbondante raccolta di erbe profumate e gustose. Ricorda di monitorare regolarmente le tue piante per eventuali segni di stress o malattie e prendi le opportune misure per garantirne il benessere. Con un po' di cura e attenzione, le tue piante di rosmarino prospereranno e arricchiranno le tue esperienze culinarie e aromatiche.

4.3 POTARE E MODELLARE LE PIANTE DI ROSMARINO

La potatura e la modellatura delle piante di rosmarino sono una parte essenziale per mantenere la loro salute e aspetto. La potatura regolare aiuta a promuovere una crescita più folta, previene che la pianta diventi legnosa e mantiene la forma desiderata. Inoltre, la potatura consente di rimuovere rami morti o malati, migliorando la salute generale della pianta.

Quando si tratta di potare il rosmarino, il momento giusto è fondamentale. È meglio potare il rosmarino in primavera, appena prima che inizi la nuova crescita. Ciò consente alla pianta di riprendersi rapidamente e favorisce una crescita vigorosa durante la stagione di crescita. Tuttavia, è possibile effettuare una potatura leggera durante tutto l'anno per rimuovere eventuali rami morti o danneggiati.

Per potare il rosmarino, inizia ispezionando la pianta per individuare eventuali rami morti o malati. Utilizzando cesoie da potatura pulite e affilate, effettua tagli puliti appena sopra un nodo fogliare o dove il ramo si unisce al fusto principale. Evita di tagliare troppo vicino al fusto principale, poiché potrebbe danneggiare la pianta. È anche importante rimuovere eventuali rami che si incrociano o si sfregano l'uno contro l'altro, poiché ciò può creare ferite e aumentare il rischio di malattie.

Quando si modella le piante di rosmarino, considera la dimensione e la forma desiderate. Il rosmarino può essere potato in varie forme, tra cui un cespuglio arrotondato, una siepe o addirittura forme di topiaria. Per ottenere la forma

desiderata, pota i rami di conseguenza, tagliando sempre appena sopra un nodo fogliare o dove il ramo si unisce al fusto principale. Fai attenzione a non rimuovere troppa vegetazione in una volta sola, poiché potrebbe stressare la pianta.
Dopo la potatura, è importante fornire cure adeguate per aiutare le piante di rosmarino a riprendersi. Innaffia abbondantemente le piante e assicurati che ricevano una quantità adeguata di luce solare. L'applicazione di un concime bilanciato può anche contribuire a promuovere una crescita sana. Monitora regolarmente le piante per individuare eventuali segni di stress o malattie e prendi le opportune misure se necessario.
In conclusione, la potatura e la modellatura delle piante di rosmarino sono un aspetto importante della loro cura. Potando al momento giusto e seguendo le tecniche corrette, puoi mantenere la salute e l'aspetto delle tue piante di rosmarino. Ricorda sempre di utilizzare cesoie da potatura pulite e affilate, effettuare tagli puliti appena sopra un nodo fogliare o dove il ramo si unisce al fusto principale e fornire cure adeguate dopo la potatura. Con queste pratiche, potrai godere di una bellissima e profumata pianta di rosmarino nel tuo giardino.

4.4 PROTEGGERE IL ROSMARINO AL COPERTO DURANTE L'INVERNO

Durante i mesi invernali, è importante proteggere le piante di rosmarino dalle basse temperature e dalle condizioni meteorologiche avverse. Sebbene il rosmarino sia un'erba resistente, non tollera il gelo e può subire danni o addirittura morire se lasciato all'esterno in temperature sotto lo zero. Per garantire la sopravvivenza delle tue piante di rosmarino durante l'inverno, si consiglia di portarle in casa e fornire loro le giuste condizioni per la crescita. Ecco alcuni passaggi per svernare con successo il rosmarino in casa:

1. Scegli la posizione giusta: Trova un luogo soleggiato nella tua casa dove le piante di rosmarino possano ricevere almeno sei ore di luce solare diretta al giorno. Una finestra rivolta a sud è di solito la migliore opzione. Se non hai abbastanza luce naturale, puoi integrarla con luci artificiali per la crescita delle piante.
2. Regola la temperatura: Il rosmarino preferisce temperature più fresche, idealmente tra i 15-21°C. Evita di posizionare le piante vicino a fonti di calore come termosifoni o bocchette d'aria, poiché ciò potrebbe farle seccare. Mantieni una temperatura costante per evitare stress alle piante.
3. Fornisci l'umidità adeguata: Il rosmarino prospera in ambienti a bassa umidità, quindi è importante evitare zone eccessivamente umide. Se la tua casa tende ad essere umida, puoi utilizzare un deumidificatore o posizionare un vassoio d'acqua vicino alle piante per aumentare leggermente l'umidità.

4. Annaffia con parsimonia: L'eccesso di annaffiatura è un errore comune quando si sverna il rosmarino. Lascia asciugare il primo centimetro di terreno prima di annaffiare e assicurati che il vaso abbia un buon drenaggio per evitare radici acquose. Tieni presente di non far seccare completamente il terreno, poiché il rosmarino preferisce un terreno leggermente umido.
5. Potatura e modellatura: Prima di portare il rosmarino in casa, effettua una buona potatura per rimuovere eventuali rami morti o danneggiati. Ciò contribuirà a promuovere una nuova crescita e a mantenere una forma compatta. Puoi anche potare le piante durante l'inverno per mantenerle ordinate.
6. Monitora la presenza di parassiti: Le piante da interno non sono immuni ai parassiti, quindi controlla regolarmente foglie e steli per individuare eventuali segni di infestazione da afidi o acari. Ispeziona regolarmente le piante e adotta le misure appropriate per controllarli, se necessario.
7. Limita la fertilizzazione: Durante i mesi invernali, le piante di rosmarino entrano in un periodo di dormienza e non richiedono molta concimazione. Riduci la frequenza della fertilizzazione a una volta ogni due o tre mesi, utilizzando un concime equilibrato solubile in acqua diluito a metà forza.

Seguendo questi passaggi, puoi svernare con successo le piante di rosmarino in casa e goderti il loro profumo durante i mesi invernali. Ricorda di continuare a fornire loro le cure necessarie e, con l'arrivo della primavera, potrai reintrodurle nel tuo giardino di erbe per un'altra stagione di crescita e piacere.

PREZZEMOLO: UN'ERBA VERSATILE

5.1 COLTIVARE IL PREZZEMOLO DA SEMI

Coltivare il prezzemolo dai semi è un modo gratificante ed economico per aggiungere questa erba versatile al tuo giardino domestico. Che tu sia un principiante o un giardiniere esperto, avviare il prezzemolo dai semi è relativamente facile e può essere fatto sia all'interno che all'esterno.

Per iniziare, scegli un luogo soleggiato nel tuo giardino o una posizione con luce indiretta intensa se stai coltivando il prezzemolo al chiuso. Il prezzemolo preferisce un terreno ben drenato, quindi assicurati di preparare il terreno rimuovendo eventuali erbacce e allentandolo con una forchetta da giardino o un aratro.

Successivamente, semina i semi di prezzemolo direttamente nel terreno o in vassoi per semi se preferisci iniziare al chiuso. Se semini direttamente nel terreno, spargi i semi uniformemente e coprili con uno strato sottile di terra. Per la semina al chiuso, riempi i vassoi per semi con un buon terriccio per la germinazione dei semi e premi delicatamente i semi nel terreno, assicurandoti che non siano sepolti troppo in profondità.

Mantieni il terreno costantemente umido ma non inzuppato. L'irrigazione dal basso è consigliata per evitare di disturbare i semi. Se stai coltivando il prezzemolo al chiuso, copri i vassoi

per semi con una pellicola di plastica o un coperchio trasparente per creare un ambiente simile a una serra che aiuta a trattenere l'umidità.
La germinazione di solito richiede circa due o tre settimane, ma può variare a seconda della temperatura e delle condizioni. Durante questo periodo, è importante mantenere il terreno costantemente umido e fornire una ventilazione adeguata per evitare la formazione di muffe o funghi.
Una volta che le piantine di prezzemolo sono emerse, diradale per garantire una corretta distanza tra le piante. Ciò permetterà a ciascuna pianta di ricevere abbastanza luce solare e nutrienti per una crescita sana. Dirada le piantine a una distanza di circa 15-20 centimetri l'una dall'altra, o come consigliato sulla confezione dei semi.
Man mano che le piante di prezzemolo continuano a crescere, è importante fornire loro acqua regolarmente e assicurarsi che ricevano almeno sei ore di luce solare al giorno. Se stai coltivando il prezzemolo al chiuso, considera l'uso di una lampada per la crescita per integrare la luce naturale.
Il prezzemolo è un'erba relativamente a bassa manutenzione, ma è importante tenere d'occhio i parassiti comuni come afidi o bruchi. Se noti segni di infestazione da parassiti, trattare le piante con metodi di controllo biologico o sapone insetticida.
La raccolta del prezzemolo può iniziare una volta che le piante hanno raggiunto un'altezza di circa 15-20 centimetri. Per raccogliere, basta tagliare le foglie esterne o i gambi secondo necessità, lasciando la crescita interna intatta per consentire una crescita continua. La raccolta regolare incoraggerà la pianta a produrre più fogliame.
In conclusione, coltivare il prezzemolo dai semi è un processo semplice e gratificante che ti permette di godere di questa

erba versatile nel tuo giardino domestico. Seguendo questi passaggi, puoi coltivare con successo il prezzemolo e avere una fresca fornitura di questa erbetta saporita da utilizzare nelle tue creazioni culinarie.

5.2 TRAPIANTARE LE PIANTINE DI PREZZEMOLO

Il trapianto delle piantine di prezzemolo è un passaggio importante nel processo di crescita di questa erba versatile. Una volta che le piantine di prezzemolo hanno sviluppato un forte sistema radicale e raggiunto un'altezza di circa 2-3 centimetri, sono pronte per essere trapiantate nel luogo definitivo nel tuo orto di erbe o in un contenitore.

Prima di effettuare il trapianto, è fondamentale scegliere una posizione adatta per le tue piante di prezzemolo. Il prezzemolo prospera in un terreno ben drenato che riceve almeno 6-8 ore di luce solare al giorno. Assicurati che l'area che hai scelto abbia una buona circolazione dell'aria per prevenire lo sviluppo di malattie fungine.

Per iniziare il processo di trapianto, prepara il terreno allentandolo con una forchetta da giardino o una paletta. Rimuovi eventuali erbacce o detriti dall'area per fornire un ambiente pulito alle tue piantine di prezzemolo. Se stai trapiantando in un contenitore, assicurati che abbia dei fori di drenaggio per evitare il ristagno dell'acqua.

Rimuovi delicatamente le piantine di prezzemolo dal loro contenitore originale, facendo attenzione a non danneggiare le delicate radici. Se le piantine sono strettamente impaccate, potresti doverle separare delicatamente per assicurarti che ogni pianta abbia abbastanza spazio per crescere. È meglio trapiantare le piantine di prezzemolo al mattino presto o nel tardo pomeriggio per ridurre al minimo lo stress sulle piante. Scava un buco nel terreno o nel contenitore preparato leggermente più grande della zolla radicale della piantina. Posiziona la piantina nel buco, assicurandoti che la parte

superiore della zolla radicale sia livellata con la superficie del terreno. Riempire delicatamente il buco con il terreno, compattandolo intorno alla base della piantina per fornire stabilità.
Dopo il trapianto, innaffia abbondantemente le piantine di prezzemolo per aiutare a stabilizzare il terreno ed eliminare eventuali sacche d'aria intorno alle radici. Fai attenzione a non annaffiare troppo, poiché il prezzemolo preferisce un terreno leggermente umido anziché essere costantemente saturo. Monitora regolarmente i livelli di umidità e regola il tuo programma di irrigazione di conseguenza.
Per favorire una crescita sana, si consiglia di applicare un concime organico bilanciato al terreno intorno alle piantine di prezzemolo. Questo fornirà i nutrienti essenziali per il loro sviluppo. Segui le istruzioni sulla confezione del concime per la corretta quantità e frequenza di applicazione.
Nelle prime settimane dopo il trapianto, è importante proteggere le piantine di prezzemolo dalle condizioni meteorologiche estreme, come venti forti o piogge intense. Considera l'uso di una copertura protettiva temporanea, come una cloche o una copertura a fila, per proteggere le giovani piante fino a quando non si saranno consolidate.
Continua a monitorare la crescita delle tue piantine di prezzemolo trapiantate e fornisci cure regolari, tra cui irrigazione, diserbo e rimozione di eventuali parassiti o foglie malate. Man mano che le piante maturano, puoi iniziare a raccogliere le foglie esterne per l'uso culinario, lasciando crescere le foglie interne.
Il trapianto delle piantine di prezzemolo può essere un'esperienza gratificante, poiché ti permette di favorire la crescita di questa erba versatile e gustarne i freschi sapori nella tua cucina. Con cure adeguate e attenzione, le tue

piante di prezzemolo prospereranno e offriranno un abbondante raccolto durante la stagione di crescita.

5.3 INNAFFIARE E FERTILIZZARE IL PREZZEMOLO

Un'irrigazione e una concimazione corrette sono essenziali per la crescita sana delle piante di prezzemolo. Il prezzemolo richiede un'umidità costante per prosperare, ma è importante evitare l'eccesso di acqua poiché può causare la marciume delle radici.

Per quanto riguarda l'irrigazione del prezzemolo, è meglio mantenere il terreno uniformemente umido. Ciò può essere ottenuto irrigando le piante in profondità una o due volte a settimana, a seconda delle condizioni meteorologiche. È importante innaffiare alla base della pianta, evitando di bagnare il fogliame poiché ciò può aumentare il rischio di malattie fungine.

Per determinare se le piante di prezzemolo hanno bisogno di irrigazione, è possibile controllare il livello di umidità del terreno inserendo un dito circa un centimetro nel terreno. Se si sente asciutto, è il momento di irrigare. Tuttavia, se si sente umido, è meglio aspettare uno o due giorni prima di irrigare nuovamente.

Oltre all'irrigazione corretta, le piante di prezzemolo beneficiano anche di una concimazione regolare. Un concime equilibrato con quantità uguali di azoto, fosforo e potassio è ideale per il prezzemolo. È possibile scegliere un concime granulare a lenta cessione o utilizzare un concime liquido diluito secondo le istruzioni riportate sulla confezione.

Quando si applica il concime, è importante seguire la dose consigliata per evitare una sovraconcimazione, che può causare bruciature delle piante. In generale, si consiglia di

concimare il prezzemolo ogni quattro-sei settimane durante la stagione di crescita.
Per applicare il concime, spargerlo intorno alla base delle piante, facendo attenzione a non farlo entrare in contatto diretto con le foglie. Dopo aver applicato il concime, innaffiare abbondantemente le piante per aiutare i nutrienti a penetrare nel terreno e raggiungere le radici.
Oltre alla concimazione regolare, le piante di prezzemolo possono beneficiare anche di materia organica come compost o letame ben decomposto. L'aggiunta di materia organica al terreno prima di piantare il prezzemolo può contribuire a migliorarne la fertilità e la capacità di trattenere l'umidità.
In generale, pratiche di irrigazione e concimazione corrette sono cruciali per la coltivazione di successo del prezzemolo.
Fornendo un'adeguata umidità e nutrienti, è possibile garantire che le piante di prezzemolo crescano in modo sano e producano abbondante fogliame per l'uso culinario.

5.4 RACCOGLIERE E CONSERVARE IL PREZZEMOLO

La raccolta del prezzemolo è un'attività semplice e gratificante che ti permette di gustare il sapore fresco di questa erba versatile nella tua cucina. Quando si tratta di raccogliere il prezzemolo, il momento giusto è fondamentale. È necessario aspettare che la pianta raggiunga una buona dimensione, di solito intorno ai 15-20 centimetri di altezza, prima di iniziare la raccolta.

Per raccogliere il prezzemolo, basta utilizzare una coppia di forbici affilate o cesoie da giardino per tagliare le foglie esterne della pianta. Inizia tagliando le foglie più esterne, procedendo verso il centro della pianta. Assicurati di lasciare almeno alcune foglie sulla pianta in modo che possa continuare a crescere e produrre più fogliame.

Quando raccogli il prezzemolo, è importante evitare di strappare le foglie a mano, poiché ciò può danneggiare la pianta e ostacolarne la crescita. Invece, usa sempre un attrezzo da taglio per fare tagli puliti.

Una volta raccolto il prezzemolo, è il momento di conservarlo correttamente per garantirne freschezza e sapore. Uno dei modi più semplici per conservare il prezzemolo è mettere i gambi appena tagliati in un bicchiere d'acqua, simile a come si conservano i fiori freschi. Questo aiuterà a mantenere il prezzemolo idratato e prolungarne la durata.

In alternativa, puoi anche avvolgere il prezzemolo in un tovagliolo umido e metterlo in un sacchetto di plastica nel frigorifero. Questo metodo funziona bene per conservare il prezzemolo per alcuni giorni fino a una settimana.

Se hai una grande quantità di prezzemolo da conservare a lungo termine, puoi anche congelarlo. Per farlo, basta lavare e asciugare il prezzemolo, quindi tritarlo finemente e metterlo in un contenitore ermetico o in un sacchetto per il freezer. Il prezzemolo congelato può essere conservato nel freezer per un massimo di sei mesi, permettendoti di gustare il sapore fresco del prezzemolo anche durante i mesi invernali.
Quando utilizzi il prezzemolo congelato, tieni presente che potrebbe perdere un po' di consistenza e croccantezza. Tuttavia, il sapore rimarrà intatto, rendendolo un'ottima opzione da aggiungere a zuppe, stufati e altri piatti cucinati.
In conclusione, la raccolta e la conservazione del prezzemolo sono un processo semplice che ti permette di gustare il sapore fresco di questa erba versatile durante tutto l'anno.
Seguendo questi semplici passaggi, puoi assicurarti che il tuo prezzemolo rimanga fresco e saporito, che tu scelga di conservarlo in acqua, in frigorifero o nel freezer. Quindi, inizia a raccogliere il tuo prezzemolo e preparati ad aggiungere un tocco di sapore ai tuoi piatti preferiti!

CORIANDOLO: UN'ERBA SAPORITA

6.1 SEMINARE SEMI DI CORIANDOLO

La semina dei semi di cilantro è un passo entusiasmante nella coltivazione di questa erba saporita. Il cilantro, anche conosciuto come coriandolo, è un'erba versatile che aggiunge un gusto unico a vari piatti. Che tu sia un giardiniere esperto o un principiante, la semina dei semi di cilantro è un processo semplice e gratificante.

Per iniziare, scegli un luogo soleggiato nel tuo giardino o un contenitore con un buon drenaggio. Il cilantro preferisce il pieno sole ma può tollerare una leggera ombra. Prepara il terreno rimuovendo eventuali erbacce e allentandolo con una forchetta da giardino o un aratro. Il cilantro prospera in un terreno ben drenante, quindi considera l'aggiunta di materia organica come il compost per migliorarne la consistenza e la fertilità.

Successivamente, semina i semi di cilantro direttamente nel terreno o nel contenitore. I semi sono piccoli e dovrebbero essere seminati sottilmente, a circa 0,6 cm di profondità. Puoi spargere i semi in modo uniforme o creare delle file, distanziandoli di circa 15 cm l'uno dall'altro. Se stai usando un contenitore, assicurati che abbia almeno 15 cm di profondità per ospitare il sistema radicale del cilantro.

Dopo aver seminato i semi, coprili delicatamente con uno strato sottile di terreno e annaffia abbondantemente. Mantieni il terreno costantemente umido ma non inzuppato

d'acqua. I semi di cilantro di solito germogliano entro 7-14 giorni, a seconda della temperatura e dei livelli di umidità. Per accelerare la germinazione, puoi mettere i semi in ammollo in acqua per qualche ora prima della semina.
Man mano che le piantine di cilantro spuntano, diradale se sono troppo fitte. Cerca di mantenere una distanza di 10-15 cm tra ogni pianta per consentire una corretta circolazione dell'aria e prevenire le malattie. Il diradamento assicura anche che le piante rimanenti abbiano abbastanza spazio per crescere e sviluppare fogliame robusto.
Il cilantro è un'erba a crescita rapida ed è importante mantenerne la cura. Annaffia regolarmente le piante, specialmente durante i periodi di siccità, per evitare che vadano in fiore o producano semi prematuramente. La pacciamatura intorno alle piante può aiutare a trattenere l'umidità e a sopprimere la crescita delle erbacce.
Per favorire un raccolto continuo di cilantro, considera la semina successiva. Semina nuovi semi ogni poche settimane per garantire un'offerta costante di foglie fresche. In questo modo, potrai gustare il cilantro durante tutta la stagione di crescita.
In conclusione, la semina dei semi di cilantro è un processo semplice che può essere fatto nel tuo giardino o nei contenitori. Fornendo le giuste condizioni di crescita e una cura adeguata, presto sarai ricompensato con un abbondante raccolto di questa erba saporita. Quindi prendi i tuoi semi, prepara il terreno e preparati a gustare il sapore fresco del cilantro nelle tue creazioni culinarie.

6.2 TRAPIANTARE LE PIANTINE DI CORIANDOLO

Il trapianto dei semenzali di cilantro è un passaggio importante nella crescita e nello sviluppo di questa erba saporita. Una volta che i semenzali di cilantro hanno raggiunto un'altezza di circa 2-3 centimetri e hanno sviluppato alcune foglie vere, sono pronti per essere trapiantati nella loro posizione definitiva.

Prima di procedere al trapianto, è essenziale scegliere un luogo adatto nel tuo orto di erbe o nel contenitore. Il cilantro preferisce una posizione con pieno sole o mezza ombra e un terreno ben drenato. È anche importante assicurarsi che l'area sia protetta dai forti venti, poiché le piante di cilantro possono essere delicate.

Per iniziare il processo di trapianto, prepara il terreno allentandolo con una forchetta da giardino o una paletta. Rimuovi eventuali erbacce o detriti dall'area per fornire un ambiente pulito e sano per i tuoi semenzali di cilantro. Successivamente, scava un buco leggermente più grande della zolla di radici del tuo semenzale di cilantro. Rimuovi delicatamente il semenzale dal suo contenitore, facendo attenzione a non danneggiare le delicate radici. Posiziona il semenzale nel buco, assicurandoti che la parte superiore della zolla di radici sia livellata con il terreno circostante. Una volta che il semenzale è al suo posto, riempi delicatamente il buco con il terreno, compattandolo intorno alla base della pianta per fornire stabilità. Irriga abbondantemente il semenzale di cilantro appena trapiantato per aiutare a stabilizzare il terreno e fornire umidità alle radici.

Dopo il trapianto, è importante monitorare attentamente i semenzali di cilantro per i primi giorni. Mantieni il terreno costantemente umido ma non inzuppato, poiché un'eccessiva umidità può causare la marciume delle radici. Se il clima è particolarmente caldo o secco, considera la possibilità di fornire un po' di ombra o utilizzare una leggera pacciamatura per aiutare a trattenere l'umidità.
Man mano che i semenzali di cilantro continuano a crescere, è importante diradarli se diventano troppo fitti. Ciò permetterà a ogni pianta di avere abbastanza spazio per svilupparsi completamente e prevenire la competizione per i nutrienti e la luce solare.
Il trapianto dei semenzali di cilantro può essere un'esperienza gratificante, poiché segna l'inizio del loro percorso verso la maturità delle piante di cilantro. Con la cura e l'attenzione adeguata, i tuoi semenzali di cilantro trapiantati prospereranno e ti forniranno un'abbondante raccolta di questa erba saporita.

6.3 PRENDERSI CURA DELLE PIANTE DI CORIANDOLO

Le piante di cilantro richiedono cure adeguate per garantire una crescita sana e un'abbondante raccolta. Ecco alcuni consigli essenziali per la cura delle piante di cilantro:

1. **Luce solare:** Le piante di cilantro prosperano in pieno sole o in ombra parziale. È meglio fornire loro almeno 4-6 ore di luce solare diretta al giorno. Se coltivate il cilantro al chiuso, posizionate i vasi vicino a una finestra rivolta a sud o utilizzate luci artificiali per fornire una luce sufficiente.
2. **Irrigazione:** Le piante di cilantro preferiscono un terreno costantemente umido. Annaffiatele regolarmente, soprattutto durante periodi di siccità o clima caldo. Tuttavia, fate attenzione a non annaffiare eccessivamente, poiché le piante di cilantro sono suscettibili alla marciume delle radici. Lasciate asciugare leggermente il primo centimetro di terreno tra un'annaffiatura e l'altra.
3. **Terreno:** Le piante di cilantro preferiscono un terreno ben drenato con un pH leggermente acido o neutro (intorno a 6,0-7,0). Prima della semina, arricchite il terreno con materia organica, come compost o letame ben decomposto, per migliorarne la fertilità e il drenaggio.
4. **Concimazione:** Le piante di cilantro non richiedono una grande quantità di nutrienti, ma possono trarre beneficio da un'applicazione di concime bilanciato. Utilizzate un concime organico a lenta cessione o un concime liquido diluito a metà forza ogni 4-6 settimane durante la stagione di crescita. Evitate concimi ad alto contenuto di azoto, poiché possono favorire una crescita eccessiva delle foglie a discapito del sapore.

5. Pacciamatura: L'applicazione di uno strato di pacciamatura organica intorno alle piante di cilantro può aiutare a conservare l'umidità, sopprimere la crescita delle erbacce e regolare la temperatura del terreno. Utilizzate paglia, foglie triturate o sfalci d'erba come pacciamatura e assicuratevi che non sia accumulata contro i fusti per evitare la decomposizione.

6. Potatura: Potare regolarmente le piante di cilantro può favorire una crescita più cespugliosa e impedire che vadano in fiore troppo rapidamente. Schiacciate le punte delle piante quando raggiungono circa 15 centimetri di altezza. Questo incoraggerà la pianta a produrre più fogliame e ritarderà la fioritura.

7. Raccolta: Le foglie di cilantro sono più saporite quando vengono raccolte prima che la pianta vada in fiore. Raccogliete le foglie esterne secondo necessità, partendo dalla base della pianta. Evitate di rimuovere più di un terzo della pianta alla volta per consentire una crescita continua. Se desiderate raccogliere i semi (coriandolo), aspettate che la pianta produca i fiori e che i semi diventino marroni.

8. Controllo di parassiti e malattie: Le piante di cilantro sono generalmente resistenti a parassiti e malattie. Tuttavia, possono occasionalmente essere colpite da afidi, bruchi o malattie fungine come la muffa bianca. Monitorate regolarmente le vostre piante e adottate le misure appropriate, come la raccolta manuale dei parassiti o l'uso di insetticidi organici, se necessario.

Seguendo queste linee guida per la cura, potrete garantire che le vostre piante di cilantro prosperino e vi offrano un'abbondante raccolta di questa erba saporita. Godetevi il gusto fresco del cilantro nelle vostre creazioni culinarie e gustate la soddisfazione di coltivare le vostre erbe in casa.

6.4 RACCOGLIERE E UTILIZZARE IL CORIANDOLO FRESCO

La raccolta del cilantro fresco è un'esperienza entusiasmante e gratificante per ogni coltivatore di erbe. Le foglie di cilantro sono migliori da raccogliere quando sono giovani e tenere, prima che la pianta inizi a fiorire. Per raccogliere il cilantro, basta tagliare le foglie esterne con un paio di forbici affilate o cesoie da giardino. È importante lasciare almeno un terzo della pianta intatta per consentire la ricrescita.

Quando si utilizza il cilantro fresco in cucina, è meglio utilizzare le foglie e i gambi teneri. Il sapore del cilantro è al massimo quando è fresco, quindi è importante utilizzarlo il prima possibile dopo la raccolta. Sciacquare le foglie accuratamente sotto acqua fredda per rimuovere eventuali sporco o detriti e tamponarle con un asciugamano pulito o carta assorbente.

Il cilantro è un'erba versatile che può essere utilizzata in una varietà di piatti. Il suo sapore fresco e agrumato si abbina bene alla cucina messicana, indiana e asiatica. Può essere utilizzato come guarnizione per zuppe, insalate e tacos, o aggiunto a salse, guacamole e curry per un tocco di sapore in più. Il cilantro può anche essere utilizzato per preparare pesto, salsa chimichurri e oli aromatizzati alle erbe.

Se hai un'eccessiva quantità di cilantro fresco e desideri conservarlo per l'uso futuro, ci sono alcuni metodi che puoi provare. Un metodo popolare è il congelamento del cilantro. Basta tritare le foglie e i gambi, metterli in un vassoio per cubetti di ghiaccio e riempire ogni scomparto con acqua. Una volta congelati, trasferire i cubetti di cilantro in un sacchetto o contenitore per il freezer. Questi cubetti di cilantro possono

essere facilmente aggiunti a zuppe, stufati e salse ogni volta che hai bisogno di un tocco di sapore fresco.
Un altro metodo per conservare il cilantro è l'essiccazione. Per essiccare il cilantro, lega insieme un mazzetto di gambi con un filo e appendili a testa in giù in un luogo fresco e asciutto. Una volta che le foglie sono completamente secche e fragili, rimuoverle dai gambi e conservarle in un contenitore ermetico. Il cilantro essiccato può essere utilizzato in miscele di spezie, marinature e rub.
Oltre ai suoi utilizzi culinari, il cilantro ha anche alcuni benefici per la salute. È ricco di vitamine A, C e K, così come di minerali come potassio e calcio. Il cilantro è anche noto per le sue proprietà disintossicanti e può aiutare a rimuovere i metalli pesanti dal corpo. È un antiossidante naturale ed è stato utilizzato nella medicina tradizionale per le sue proprietà antinfiammatorie e digestive.
In conclusione, la raccolta e l'utilizzo del cilantro fresco è un'esperienza deliziosa che aggiunge un tocco di sapore alle tue creazioni culinarie. Che tu lo utilizzi come guarnizione, nelle salse o come ingrediente principale, il cilantro è un'erba versatile che può valorizzare qualsiasi piatto. Quindi, vai avanti, esci nel tuo orto di erbe e goditi i vivaci sapori del cilantro fresco!

RUCOLA: UNA VERDURA PEPATA

7.1 PIANTARE SEMI DI RUCOLA

La rucola, nota anche come ruchetta o rughetta, è una popolare verdura a foglia che conferisce un sapore pepato alle insalate, ai panini e ad altri piatti. È facile da coltivare dai semi e può essere piantata direttamente in giardino o in contenitori. In questa sezione, ti guideremo attraverso il processo di piantare i semi di rucola per assicurare un raccolto di successo.

Prima di piantare i semi di rucola, è importante scegliere una posizione adatta per il tuo giardino o contenitore. La rucola preferisce il pieno sole ma può tollerare una leggera ombra. Assicurati che il terreno sia ben drenato e ricco di materia organica. Se il terreno è pesante o argilloso, considera l'aggiunta di compost o letame ben decomposto per migliorarne la consistenza e la fertilità.

Per piantare i semi di rucola, prepara il terreno rimuovendo eventuali erbacce o detriti. Allenta il terreno ad una profondità di circa 15 centimetri utilizzando una forca da giardino o un motozappa. Questo creerà un letto sciolto e friabile per i semi per germogliare e stabilire le loro radici. Successivamente, spargi i semi di rucola uniformemente sul terreno preparato. Cerca di mantenere uno spazio di circa 2,5 centimetri tra ogni seme. Se stai piantando in file, lascia uno spazio di 15-30 centimetri tra ogni fila per consentire un facile accesso e una buona circolazione dell'aria.

Una volta che i semi sono sparsi, premili leggermente nel terreno utilizzando il dorso di un rastrello o le mani. Ciò garantirà un buon contatto tra i semi e il terreno, che è essenziale per la germinazione. Evita di seppellire troppo i semi, poiché i semi di rucola richiedono luce per germogliare. Dopo la semina, innaffia il terreno delicatamente per inumidirlo. Fai attenzione a non annaffiare troppo, poiché un'eccessiva umidità può causare marciume o malattie fungine. Mantieni un livello costante di umidità durante le fasi di germinazione e crescita innaffiando regolarmente, soprattutto durante i periodi di siccità.
I semi di rucola di solito germogliano entro 7-10 giorni, a seconda della temperatura e delle condizioni del terreno. Una volta che le piantine emergono, diradale se necessario per fornire spazio sufficiente per la crescita. Rimuovi eventuali piantine deboli o affollate, lasciando solo quelle più sane e robuste.
Man mano che le piante di rucola crescono, continua ad innaffiarle regolarmente e controlla eventuali segni di parassiti o malattie. La rucola è generalmente resistente alla maggior parte dei parassiti e delle malattie, ma è sempre una buona pratica tenere d'occhio eventuali problemi e prendere le opportune misure se necessario.
La raccolta della rucola può iniziare quando le foglie sono giovani e tenere, di solito dopo 4-6 settimane dalla semina. Puoi raccogliere l'intera pianta o raccogliere selettivamente le foglie esterne, lasciando crescere quelle interne. La raccolta regolare incoraggerà una nuova crescita e prolungherà il periodo di raccolta.
In conclusione, piantare i semi di rucola è un processo semplice che può essere fatto in giardino o in contenitori. Fornendo le giuste condizioni di crescita e cure adeguate,

potrai godere di un abbondante raccolto di questo verde pepato durante la stagione di crescita. Quindi, prova a coltivarla - il tuo palato te ne sarà grato!

7.2 FORNIRE CONDIZIONI DI CRESCITA IDEALI PER LA RUCOLA

La rucola, nota anche come ruchetta o rucola selvatica, è un verde dal sapore pepato e aromatico che è facile da coltivare nel tuo giardino domestico. Per garantire la migliore crescita e resa, è importante fornire alla rucola le condizioni di crescita ideali. Ecco alcuni consigli per aiutarti a creare l'ambiente perfetto per le tue piante di rucola.
Innanzitutto, la rucola prospera in climi freschi, quindi è meglio piantarla all'inizio della primavera o in autunno. La temperatura ideale per la rucola si situa tra i 10°C e i 18°C. Se la temperatura supera i 24°C, le piante potrebbero andare in fiore e diventare amare. Pertanto, è importante scegliere il momento giusto per piantare la rucola per evitare il caldo estremo.
La rucola preferisce un terreno ben drenato e ricco di materia organica. Prima della semina, arricchisci il terreno con compost o letame ben decomposto per migliorarne la fertilità e il drenaggio. Ciò fornirà i nutrienti necessari per una crescita sana e preverrà le condizioni di ristagno idrico che possono portare alla marciume delle radici.
Per quanto riguarda la luce solare, la rucola ama il pieno sole ma può tollerare l'ombra parziale. Cerca di garantire almeno 4-6 ore di luce solare diretta al giorno per una crescita ottimale. Se coltivi la rucola in casa, posizionala vicino a una finestra rivolta a sud o fornisci luci di coltivazione supplementari per assicurarti che riceva abbastanza luce.
L'irrigazione è fondamentale per la rucola, poiché preferisce un terreno costantemente umido. Tuttavia, fai attenzione a non annaffiare eccessivamente, poiché ciò può causare la

marciume delle radici. Irriga le piante in profondità una o due volte a settimana, a seconda delle condizioni meteorologiche. Monitora il livello di umidità del terreno e regola il tuo programma di irrigazione di conseguenza.
Per favorire una crescita continua e prevenire la fioritura precoce, è consigliabile raccogliere la rucola frequentemente. Raccogli le foglie esterne quando raggiungono una lunghezza di circa 10-15 centimetri per favorire la crescita di nuove foglie e garantire un'offerta costante di rucola fresca. La raccolta regolare aiuta anche a mantenere il sapore delle piante e a prevenire che diventi troppo amara.
Per quanto riguarda lo spaziamento, le piante di rucola dovrebbero essere distanziate di circa 15-20 centimetri l'una dall'altra per consentire una corretta circolazione dell'aria e prevenire l'affollamento. Ciò contribuirà a ridurre il rischio di malattie e parassiti, oltre a favorire una crescita sana.
Infine, è importante monitorare le tue piante di rucola per eventuali segni di parassiti o malattie. I parassiti comuni che possono colpire la rucola includono pulci, afidi e bruchi. Ispeziona regolarmente le piante e adotta le misure appropriate, come l'utilizzo di insetticidi biologici o l'introduzione di insetti benefici, per controllare le infestazioni di parassiti. Inoltre, praticare la rotazione delle colture e mantenere un buon igiene del giardino può aiutare a prevenire la diffusione delle malattie.
Fornendo alla rucola le condizioni di crescita ideali, come un clima fresco, un terreno ben drenato, una luce solare adeguata, un'irrigazione corretta, una raccolta regolare e una gestione dei parassiti e delle malattie, potrai godere di un'abbondante raccolta di questo verde pepato nel tuo giardino domestico. Sperimenta con diverse varietà e

incorpora la rucola nelle tue insalate, panini e altre creazioni culinarie per gustarne il sapore unico e i benefici nutrizionali.

7.3 RACCOGLIERE E GUSTARE LE FOGLIE DI RUCOLA

Una volta che le tue piante di rucola hanno raggiunto una dimensione matura, è il momento di iniziare a raccogliere le foglie. Le foglie di rucola possono essere raccolte in qualsiasi fase di crescita, ma sono tipicamente più saporite quando sono giovani e tenere.

Per raccogliere le foglie di rucola, basta utilizzare una coppia di forbici pulite o cesoie da giardino per tagliare le foglie esterne, lasciando le foglie interne a continuare a crescere. È meglio raccogliere le foglie al mattino quando sono fresche al massimo.

Durante la raccolta della rucola, è importante evitare di danneggiare la corona della pianta, che è il punto di crescita centrale. Ciò permetterà alla pianta di continuare a produrre nuove foglie per future raccolte.

Le foglie di rucola possono essere utilizzate in una varietà di piatti, sia crudi che cotti. Hanno un sapore pepato e leggermente amaro che aggiunge un tocco unico alle insalate, ai panini e ai piatti di pasta.

Per un'insalata di rucola semplice, mescola le foglie con una leggera vinaigrette fatta con olio d'oliva, succo di limone, sale e pepe. Puoi anche aggiungere del formaggio Parmigiano grattugiato o noci tostate per un sapore e una consistenza extra.

Se preferisci cucinare la rucola, puoi saltarla in padella, cuocerla al vapore o aggiungerla a zuppe e stufati. Il calore attenuerà il sapore pepato, rendendolo più delicato e piacevole.

Quando conservi la rucola, è meglio usarla il prima possibile per massima freschezza e sapore. Se devi conservarla, puoi mettere le foglie non lavate in un sacchetto di plastica e conservarle in frigorifero per un massimo di una settimana. Assicurati solo di rimuovere l'umidità in eccesso prima di conservarla per evitare l'appassimento.
La rucola è un'erba versatile e deliziosa che può aggiungere un tocco di sapore ai tuoi pasti. Seguendo questi consigli per la raccolta e la conservazione, potrai gustare il sapore fresco della rucola per tutta la stagione. Quindi, vai avanti, esci nel tuo giardino e inizia a raccogliere quelle foglie verdi e pepate!

ALTRE ERBE COMUNI PER LA COLTIVAZIONE IN CASA

8.1 TIMO: UNA PERENNE PROFUMATA

Il timo è un'erba popolare conosciuta per le sue foglie profumate e saporite. È una pianta perenne che può essere facilmente coltivata a casa, rendendola un'ottima aggiunta a qualsiasi giardino di erbe. Il timo non è solo un'erba culinaria, ma ha anche proprietà medicinali, rendendolo un'erba versatile da avere a portata di mano.

Quando si tratta di coltivare il timo, è importante scegliere la giusta varietà per il proprio giardino. Ci sono molti tipi diversi di timo, ognuno con il proprio sapore unico e abitudini di crescita. Alcune varietà popolari includono il timo inglese, il timo al limone e il timo strisciante. Prima di selezionare la varietà che si adatta alle proprie esigenze, è importante considerare il profilo di sapore desiderato e lo spazio disponibile.

Il timo può essere coltivato da semi o acquistato come piantine da un vivaio. Se si parte dai semi, è meglio seminare all'interno circa 6-8 settimane prima dell'ultima data di gelo. I semi di timo sono molto piccoli, quindi è importante spargerli leggermente sulla superficie del terreno e coprirli con uno strato sottile di terra. Mantenere il terreno umido e caldo fino a quando i semi germogliano, il che di solito richiede circa 1-2 settimane.

Una volta che le piantine di timo sono cresciute di qualche centimetro, possono essere trapiantate in giardino o in contenitori. Il timo preferisce un terreno ben drenato e pieno sole, quindi scegliere una posizione che riceva almeno 6-8 ore di luce solare diretta al giorno. Se si pianta in contenitori, assicurarsi che abbiano fori di drenaggio per evitare radici ristagnanti.

La cura delle piante di timo è relativamente semplice. Annaffiare regolarmente le piante, mantenendo il terreno uniformemente umido ma non fradicio. Il timo è resistente alla siccità una volta stabilito, quindi fare attenzione a non annaffiare troppo. Concimare le piante con un concime organico bilanciato una volta al mese durante la stagione di crescita per favorire una crescita sana.

La potatura del timo è importante per mantenere la sua forma e favorire una crescita più cespugliosa. Potare regolarmente le piante, rimuovendo eventuali steli morti o legnosi. Ciò contribuirà anche a favorire la produzione di foglie fresche. Il timo può essere raccolto durante tutta la stagione di crescita tagliando gli steli appena sopra un nodo fogliare. Le foglie possono essere utilizzate fresche o essiccate per un uso successivo.

Oltre ai suoi usi culinari, il timo ha proprietà medicinali che lo rendono un'erba preziosa da avere nel proprio giardino. È noto per le sue proprietà antisettiche e antibatteriche, rendendolo utile per il trattamento di tagli e ferite minori. Il timo può anche essere utilizzato per preparare tisane che aiutano a lenire la tosse e il mal di gola.

In conclusione, il timo è un'erba perenne fragrante che è facile da coltivare a casa. Con il suo sapore versatile e le sue proprietà medicinali, è un'aggiunta preziosa a qualsiasi giardino di erbe. Che venga utilizzato in cucina o per i suoi benefici per la salute, il timo è un'erba che può essere apprezzata tutto l'anno.

8.2 ORIGANO: UN'ERBA ROBUSTA

L'origano è un'erba popolare conosciuta per il suo sapore robusto e la sua versatilità in cucina. Appartenente alla famiglia delle menta, è originario della regione mediterranea. L'origano è comunemente utilizzato nella cucina italiana, greca e messicana, conferendo un gusto distintivo e aromatico a vari piatti.

Quando si tratta di coltivare l'origano a casa, è relativamente facile e richiede una manutenzione minima. L'origano può essere coltivato da semi o propagato da talee. Se si sceglie di iniziare dai semi, è meglio seminarli all'interno circa 6-8 settimane prima dell'ultima data di gelo. I semi dovrebbero essere leggermente coperti di terra e mantenuti umidi fino alla germinazione, che di solito richiede circa 7-14 giorni. Una volta che le piantine sono cresciute di qualche centimetro, possono essere trapiantate in vasi più grandi o direttamente in giardino. L'origano preferisce un terreno ben drenato con un livello di pH compreso tra 6,0 e 8,0. Prospera al sole pieno, ma può tollerare anche l'ombra parziale. Assicurarsi di spaziare le piante di circa 30 centimetri di distanza per consentire una corretta circolazione dell'aria. L'irrigazione delle piante di origano è relativamente semplice, poiché preferiscono condizioni leggermente secche. È importante non annaffiarle troppo, poiché ciò potrebbe causare la marciume delle radici. Lasciare che il terreno si asciughi tra un'irrigazione e l'altra e annaffiare solo quando il primo centimetro di terreno risulta asciutto al tatto. Durante periodi caldi e secchi, l'origano potrebbe richiedere un'irrigazione più frequente.

La concimazione dell'origano non è necessaria, poiché è un'erba relativamente a bassa manutenzione. Tuttavia, se si nota una crescita lenta o foglie pallide, è possibile applicare un concime organico bilanciato una o due volte durante la stagione di crescita. Assicurarsi di seguire le istruzioni sulla confezione del concime per la corretta dosaggio.

La raccolta dell'origano può essere effettuata una volta che la pianta raggiunge un'altezza di circa 10-15 centimetri. Si può iniziare tagliando alcune foglie da ogni stelo, lasciando le foglie inferiori intatte per favorire una nuova crescita. Le foglie di origano possono essere utilizzate fresche o essiccate per un uso successivo. Per essiccare l'origano, basta appendere i rami a testa in giù in un'area ben ventilata fino a quando le foglie non diventano croccanti. Una volta essiccate, conservare le foglie in un contenitore ermetico lontano dalla luce solare diretta.

Oltre ai suoi usi culinari, l'origano ha anche proprietà medicinali. Si ritiene che abbia proprietà antibatteriche e antifungine, rendendolo un ingrediente popolare in rimedi naturali. L'olio di origano, estratto dalle foglie, viene spesso utilizzato topicamente per trattare infezioni cutanee e può anche essere assunto per sostenere la salute del sistema immunitario.

In generale, l'origano è un'erba versatile e robusta che può essere facilmente coltivata a casa. Che lo si utilizzi per esaltare i sapori dei propri piatti preferiti o per sfruttarne i benefici medicinali, l'origano è un'aggiunta preziosa a qualsiasi giardino di erbe. Con cure e attenzioni adeguate, è possibile godere di un'abbondante raccolta di questa gustosa erba durante la stagione di crescita.

8.3 SALVIA: UN'ERBA MEDICINALE

La salvia, nota anche come Salvia officinalis, è un'erba versatile che viene utilizzata da secoli per le sue proprietà medicinali. Questa erba è originaria della regione mediterranea ed è un membro della famiglia delle menta. La salvia è conosciuta per il suo aroma e sapore distintivi, che conferiscono profondità a vari piatti culinari. Tuttavia, non sono solo le sue proprietà culinarie a rendere la salvia popolare; ha anche numerosi benefici per la salute.

Una delle principali proprietà medicinali della salvia è la sua capacità di migliorare la digestione. È stata tradizionalmente utilizzata per alleviare indigestione, gonfiore e crampi allo stomaco. La salvia contiene composti che stimolano la produzione di enzimi digestivi, aiutando a scomporre il cibo in modo più efficiente e riducendo il disagio.

Oltre ad aiutare la digestione, la salvia è stata utilizzata anche per alleviare i sintomi della menopausa. Molte donne durante questa fase della vita sperimentano vampate di calore, sudorazione notturna e sbalzi d'umore. La salvia contiene composti che agiscono come estrogeni naturali, aiutando a bilanciare i livelli ormonali e ridurre questi sintomi. Può essere consumata come tè o assunta sotto forma di integratore per fornire sollievo.

La salvia è anche nota per le sue proprietà antimicrobiche. È stata utilizzata come rimedio naturale per mal di gola, tosse e raffreddore. Il tè di salvia può aiutare a lenire il mal di gola e ridurre l'infiammazione. Può anche essere utilizzata come collutorio per trattare ulcere della bocca e infezioni gengivali.

Inoltre, la salvia è stata trovata ad avere proprietà antiossidanti e anti-infiammatorie. Queste proprietà aiutano a proteggere il corpo dallo stress ossidativo e ridurre l'infiammazione, che può contribuire a malattie croniche come malattie cardiache e cancro. Includere la salvia nella propria dieta può aiutare a migliorare la salute generale e il benessere.

Per quanto riguarda la coltivazione della salvia a casa, è relativamente facile da coltivare. Le piante di salvia preferiscono un terreno ben drenato e l'esposizione al pieno sole. Possono essere coltivate da semi o propagate da talee. È importante potare regolarmente la salvia per favorire una crescita più folta e prevenire che diventi legnosa.

Per raccogliere la salvia, basta tagliare le foglie secondo necessità. Le foglie fresche di salvia possono essere utilizzate in cucina, mentre le foglie essiccate possono essere conservate per un uso successivo. Le foglie di salvia possono essere aggiunte a zuppe, stufati, salse e ripieni per migliorare il sapore dei piatti.

In conclusione, la salvia non è solo un'erba aromatica, ma anche una potenza medicinale. Le sue proprietà digestive, ormonali, antimicrobiche e antiossidanti la rendono un'aggiunta preziosa a qualsiasi giardino di erbe. Che tu la utilizzi in cucina o come rimedio naturale, la salvia è un'erba versatile che offre numerosi benefici per la salute. Quindi perché non considerare di coltivare la salvia a casa e godere dei suoi molteplici utilizzi?

8.4 ANETO: UN'ERBA AROMATICA

L'aneto è un'erba popolare conosciuta per le sue qualità aromatiche e saporite. È comunemente utilizzato in varie cucine di tutto il mondo, in particolare nei piatti in salamoia e a base di pesce. Se sei interessato a coltivare l'aneto nel tuo giardino domestico, questa sezione ti fornirà tutte le informazioni necessarie per coltivare con successo questa versatile erba.

Semina dei semi di aneto

L'aneto può essere facilmente coltivato dai semi, rendendolo una ottima opzione per i principianti nel giardinaggio delle erbe. Inizia selezionando un luogo soleggiato nel tuo giardino con un terreno ben drenato. L'aneto preferisce un livello di pH compreso tra 5,5 e 6,5, quindi è importante assicurarsi che il terreno sia leggermente acido.

Prima di seminare i semi, prepara il terreno rimuovendo eventuali erbacce e allentandolo con una forchetta da giardino o un aratro. Spargi i semi di aneto uniformemente sulla superficie del terreno e premili leggermente nel terreno. È importante non seppellire troppo i semi, poiché hanno bisogno di luce per germogliare.

Irrigazione e cura

Una volta seminati i semi, innaffia il terreno delicatamente per mantenerlo umido. Evita di annaffiare eccessivamente, poiché l'aneto preferisce condizioni leggermente secche. Man mano che le piantine emergono, diradale per fornire spazio sufficiente a ogni pianta per crescere. Le piante di aneto possono raggiungere un'altezza di 60-90 cm, quindi assicurati che abbiano abbastanza spazio per espandersi.

L'aneto richiede un'irrigazione regolare, soprattutto durante i periodi di siccità. Tuttavia, fai attenzione a non annaffiare troppo, poiché un'eccessiva umidità può causare la marciume delle radici. È meglio annaffiare le piante alla base per evitare di bagnare il fogliame, che potrebbe renderle suscettibili alle malattie.

Raccolta dell'aneto

Le foglie di aneto possono essere raccolte una volta che le piante raggiungono un'altezza di 30-45 cm. Semplicemente taglia le foglie con un paio di forbici pulite o cesoie da giardino. Raccogliere regolarmente le foglie incoraggerà la pianta a produrre più fogliame.

Se sei interessato a raccogliere i semi di aneto, lascia che i fiori sboccino completamente e diventino marroni. Taglia le teste dei fiori e mettile in un sacchetto di carta. Appendi il sacchetto a testa in giù in un luogo fresco e asciutto per alcune settimane, in modo che i semi si asciughino. Una volta asciutti, schiaccia delicatamente le teste dei fiori per liberare i semi.

Utilizzo dell'aneto in cucina

L'aneto è un'erba versatile che aggiunge un sapore unico a una varietà di piatti. Il suo sapore fresco e acidulo si abbina bene al pesce, alle patate, alle insalate e alle salse. Le foglie di aneto possono essere utilizzate sia fresche che essiccate, a seconda delle preferenze.

Per conservare il sapore dell'aneto, è meglio aggiungerlo verso la fine del processo di cottura. Questo aiuterà a mantenere il suo delicato aroma e a evitare che diventi amaro. L'aneto può anche essere utilizzato per infondere oli, aceti e persino vodka, aggiungendo un sapore distintivo alle tue creazioni fatte in casa.

Conclusioni

L'aneto è un'erba meravigliosa da coltivare nel tuo giardino domestico. Le sue qualità aromatiche e la sua versatilità in cucina lo rendono un'aggiunta preziosa a qualsiasi collezione di erbe. Seguendo i semplici passaggi descritti in questa sezione, sarai in grado di coltivare l'aneto con successo e godere dei suoi freschi sapori nelle tue creazioni culinarie.

8.5 ERBA CIPOLLINA: UN SAPORE DELICATO DI CIPOLLA

L'erba cipollina è un'erbacea popolare con un sapore leggermente di cipolla. Appartiene alla famiglia delle Alliaceae, che include anche cipolle, aglio e porri. L'erba cipollina è facile da coltivare e può essere un ottimo aggiunta a qualsiasi giardino di erbe.

Per coltivare l'erba cipollina a casa, puoi iniziare piantando i semi o acquistando giovani piante di erba cipollina da un vivaio. Se scegli di iniziare dai semi, seminali in un terreno ben drenato all'inizio della primavera. Mantieni il terreno umido ma non inzuppato, e i semi dovrebbero germogliare entro un paio di settimane.

Una volta che le piante di erba cipollina sono cresciute di qualche centimetro, puoi trapiantarle nel tuo giardino o in contenitori. L'erba cipollina preferisce il pieno sole ma può tollerare un po' di ombra. Assicurati di spaziare le piante di circa 15 centimetri l'una dall'altra per consentire una crescita adeguata.

L'erba cipollina richiede un'irrigazione regolare per mantenere il terreno costantemente umido. Tuttavia, fai attenzione a non annaffiare troppo, poiché ciò potrebbe causare la marciume delle radici. È anche una buona idea pacciamare intorno alle piante per aiutare a trattenere l'umidità e sopprimere la crescita delle erbacce.

Una delle cose fantastiche dell'erba cipollina è che richiede una manutenzione relativamente bassa. Non richiede molta concimazione, ma puoi applicare un fertilizzante organico bilanciato una o due volte durante la stagione di crescita per favorire una crescita sana.

Per quanto riguarda la raccolta dell'erba cipollina, puoi iniziare a tagliare le foglie una volta che le piante hanno raggiunto circa 15 centimetri di altezza. Usa un paio di forbici affilate o cesoie da giardino per tagliare le foglie vicino alla base della pianta. Ciò favorirà una nuova crescita e garantirà un'offerta continua di erba cipollina fresca.
L'erba cipollina può essere utilizzata in una varietà di piatti per aggiungere un sapore leggermente di cipolla. È comunemente usata come guarnizione per zuppe, insalate e patate al forno. Puoi anche tritarla e mescolarla nel formaggio cremoso o nel burro per ottenere una gustosa spalmabile.
Oltre ai suoi usi culinari, l'erba cipollina ha anche alcune proprietà medicinali. È ricca di vitamine A e C, così come di minerali come calcio e ferro. L'erba cipollina è stata utilizzata nella medicina tradizionale per aiutare la digestione e rafforzare il sistema immunitario.
In generale, l'erba cipollina è un'erba versatile che può essere facilmente coltivata a casa. Che tu sia un giardiniere esperto o alle prime armi, l'aggiunta di erba cipollina al tuo giardino di erbe può fornirti un ingrediente fresco e saporito per le tue creazioni culinarie.

CREARE UN GIARDINO DI ERBE IN SPAZI RISTRETTI

9.1 GIARDINAGGIO VERTICALE PER ERBE

Il giardinaggio verticale è una soluzione ideale per gli appassionati di erbe che dispongono di spazi limitati nelle loro case o giardini. Sfruttando lo spazio verticale, è possibile massimizzare la resa delle erbe e creare un giardino visivamente accattivante. In questa sezione, esploreremo i vantaggi del giardinaggio verticale per le erbe e forniremo consigli pratici su come allestire il proprio giardino verticale di erbe.

Uno dei principali vantaggi del giardinaggio verticale è il risparmio di spazio. Invece di coltivare le erbe in orizzontale, è possibile farle crescere verticalmente, utilizzando pareti, recinzioni o tralicci come strutture di supporto. Ciò consente di sfruttare al meglio lo spazio disponibile, che si tratti di un piccolo balcone, un piccolo cortile o anche un'area interna con spazio limitato a terra.

Per avviare il proprio giardino verticale di erbe, è necessario scegliere la struttura giusta per sostenere le piante. Le opzioni includono vasi da parete, cesti appesi o addirittura oggetti riutilizzati come pallet o organizzatori per scarpe. Assicurarsi che la struttura sia sufficientemente robusta da sostenere il peso delle erbe e fornisca un drenaggio adeguato per far scorrere l'acqua.

Nella scelta delle erbe per il giardinaggio verticale, è importante considerare le loro abitudini di crescita e la loro adattabilità alla crescita verticale. Alcune erbe, come le varietà striscianti di timo o origano, si sviluppano naturalmente verso il basso e sono perfette per i cesti appesi. Altre, come la menta o il basilico, possono essere addestrate a crescere verso l'alto con l'aiuto di tralicci o pali. Scegliere una combinazione di erbe che si completino tra loro in termini di abitudini di crescita e utilizzi culinari.

L'irrigazione corretta è fondamentale per il successo del giardino verticale di erbe. Poiché l'acqua tende a drenare più rapidamente nelle strutture verticali, potrebbe essere necessario irrigare le erbe più frequentemente rispetto ai giardini tradizionali. Si consiglia di utilizzare contenitori con auto-irrigazione o installare un sistema di irrigazione a goccia per garantire livelli di umidità costanti per le piante.

La potatura regolare e la manutenzione sono essenziali per mantenere il giardino verticale di erbe sano e produttivo. Man mano che le erbe crescono, potare eventuali steli troppo lunghi o sviluppati per favorire una crescita più cespugliosa. Rimuovere eventuali foglie morte o ingiallite per prevenire la diffusione di malattie. Inoltre, prestare attenzione al peso delle piante e fornire un supporto aggiuntivo, se necessario, per evitare che si rovescino.

Raccogliere le erbe da un giardino verticale è semplice. Basta raggiungere in alto o in basso per raccogliere le foglie o i gambi necessari per cucinare o per altri utilizzi. La raccolta regolare favorirà anche una nuova crescita e manterrà le erbe compatte e ordinate.

In conclusione, il giardinaggio verticale offre una soluzione pratica e visivamente accattivante per coltivare erbe in spazi ridotti. Sfruttando le strutture verticali, è possibile massimizzare la resa delle erbe, aggiungendo un tocco di verde all'ambiente circostante. Con la cura e la manutenzione adeguata, il giardino verticale di erbe fornirà un'abbondante fornitura di erbe fresche per delizie culinarie e rimedi casalinghi. Quindi, lasciatevi ispirare e iniziate a costruire il vostro giardino verticale di erbe oggi stesso!

9.2 COLTIVAZIONE IN CONTENITORI PER ERBE

La coltivazione in contenitori è un'ottima opzione per coloro che dispongono di spazi limitati ma desiderano comunque godere dei benefici della coltivazione delle erbe a casa. Con la coltivazione in contenitori, è possibile coltivare facilmente una varietà di erbe direttamente sul balcone, sul patio o persino sul davanzale della finestra.
Quando si tratta di scegliere i contenitori per il proprio giardino di erbe, ci sono alcune cose da considerare. Innanzitutto, assicurarsi che i contenitori abbiano fori di drenaggio per evitare che l'acqua si accumuli e causi la marciume delle radici. È possibile utilizzare vasi di terracotta tradizionali, contenitori di plastica o addirittura riutilizzare vecchi secchi o contenitori, purché abbiano fori di drenaggio. La dimensione del contenitore è anche importante. La maggior parte delle erbe ha sistemi radicati poco profondi, quindi un contenitore di almeno 6-8 pollici di profondità dovrebbe essere sufficiente. Tuttavia, se si prevede di coltivare erbe come rosmarino o lavanda, che hanno sistemi radicati più profondi, optare per un contenitore più grande.
Per quanto riguarda il terreno, utilizzare un substrato ben drenante appositamente formulato per la coltivazione in contenitori. Evitare di utilizzare il terreno del giardino, poiché può diventare compatto e ostacolare la crescita delle radici. È anche possibile aggiungere un po' di materia organica, come compost o letame maturo, per arricchire il terreno e fornire nutrienti alle erbe.
Quando si piantano le erbe nei contenitori, assicurarsi di spaziarle correttamente per consentire una adeguata

circolazione dell'aria e prevenire l'affollamento. La maggior parte delle erbe può essere piantata a circa 6-8 pollici di distanza, ma assicurarsi di verificare i requisiti specifici di spaziatura per ciascuna erba.

Le erbe coltivate in contenitori richiedono un'irrigazione regolare, poiché il terreno nei contenitori tende ad asciugarsi più rapidamente rispetto al terreno del giardino. Annaffiare le erbe quando il primo pollice di terreno risulta asciutto, ma fare attenzione a non annaffiare eccessivamente, poiché ciò potrebbe causare la marciume delle radici. È anche una buona idea coprire la superficie del terreno con uno strato di pacciamatura organica, come paglia o trucioli di legno, per aiutare a trattenere l'umidità.

La concimazione delle erbe coltivate in contenitori è importante per garantire che ricevano i nutrienti necessari. Utilizzare un concime equilibrato solubile in acqua e seguire le istruzioni sulla confezione per le dosi di applicazione. In generale, è consigliabile concimare le erbe ogni 4-6 settimane durante la stagione di crescita.

Un vantaggio della coltivazione in contenitori è che è possibile spostare facilmente le erbe per ottimizzare le loro condizioni di crescita. Se le erbe non ricevono abbastanza luce solare, è possibile spostarle in un luogo più soleggiato. Allo stesso modo, se il clima diventa troppo caldo o freddo, è possibile portare le erbe in casa o fornire loro un po' di ombra.

Le erbe coltivate in contenitori sono anche più suscettibili a parassiti e malattie, quindi è importante ispezionare regolarmente le piante per individuare eventuali segni di problemi. Se si notano parassiti come afidi o acari, è possibile utilizzare metodi di controllo biologico come l'olio di neem o il sapone insetticida per tenerli lontani. Se le erbe sviluppano malattie come la muffa bianca o la marciume delle radici, rimuovere immediatamente le piante colpite per evitare ulteriori diffusioni.

In conclusione, la coltivazione in contenitori è una fantastica opzione per coltivare erbe in spazi ridotti. Con i contenitori giusti, il terreno adatto e le cure adeguate, è possibile godere di un abbondante giardino di erbe a portata di mano. Che si disponga di un balcone, di un patio o di un davanzale della finestra, la coltivazione in contenitori consente di portare la gioia della coltivazione delle erbe nella propria casa. Quindi, lasciate libera la vostra creatività con i contenitori e iniziate a coltivare le vostre erbe oggi stesso!

9.3 GIARDINI DI ERBE SUL DAVANZALE

I giardini di erbe sul davanzale sono una fantastica opzione per coloro che hanno spazio limitato ma desiderano comunque godere dei benefici della coltivazione delle erbe a casa. Con pochi semplici passaggi, puoi creare un giardino di erbe bello e funzionale proprio sul tuo davanzale.

Per iniziare, scegli un davanzale soleggiato che riceva almeno 6 ore di luce solare diretta al giorno. La maggior parte delle erbe prospera al sole pieno, quindi questo è fondamentale per la loro crescita e sviluppo. Se il tuo davanzale non riceve abbastanza luce solare, considera l'uso di una lampada di crescita per integrare la luce naturale.

Successivamente, seleziona le erbe che desideri coltivare nel tuo giardino sul davanzale. Alcune scelte popolari per i giardini di erbe sul davanzale includono basilico, menta, prezzemolo e erba cipollina. Queste erbe sono relativamente facili da coltivare e possono essere utilizzate in una varietà di piatti culinari.

Una volta scelte le tue erbe, è tempo di raccogliere i materiali necessari. Avrai bisogno di piccoli vasi o contenitori con fori di drenaggio, terriccio per vasi e semi o piantine di erbe. Assicurati che i vasi o i contenitori siano della dimensione appropriata per le erbe che hai scelto, lasciando spazio sufficiente per le radici.

Riempi i vasi o i contenitori con il terriccio per vasi, lasciando circa un centimetro di spazio in alto. Bagna il terriccio prima di piantare i semi o le piantine di erbe. Se usi i semi, segui le istruzioni sulla confezione per la profondità e la distanza di semina corrette. Se usi le piantine, rimuovile delicatamente dai loro vasetti di coltivazione e mettile nei vasi preparati,

assicurandoti che il livello del terreno sia lo stesso di quello dei vasetti di coltivazione.
Dopo la semina, annaffia abbondantemente le erbe, assicurandoti che il terreno sia uniformemente umido. Fai attenzione a non annaffiare troppo, poiché ciò potrebbe causare la marciume delle radici. Lascia che l'acqua in eccesso defluisca dai vasi o dai contenitori, assicurandoti che non rimangano in acqua stagnante.
Posiziona i vasi o i contenitori sul davanzale, assicurandoti che abbiano abbastanza spazio per crescere e ricevere una luce solare adeguata. Ruota i vasi ogni pochi giorni per garantire una crescita uniforme e impedire alle erbe di piegarsi verso la fonte di luce.
Man mano che le erbe crescono, ricorda di annaffiarle regolarmente, mantenendo il terreno uniformemente umido. Controlla il livello di umidità inserendo il dito nel terreno fino alla prima falange. Se senti che è asciutto, è il momento di annaffiare. Evita di bagnare le foglie, poiché ciò potrebbe causare malattie fungine. Invece, annaffia direttamente il terreno alla base delle piante.
Per favorire una crescita sana, considera di concimare il tuo giardino di erbe sul davanzale ogni poche settimane con un concime liquido bilanciato. Segui le istruzioni sulla confezione del concime per le corrette dosi di applicazione.
Raccogli le tue erbe quando necessario, facendo attenzione a non rimuovere più di un terzo della pianta alla volta. Ciò permetterà alle erbe di continuare a crescere e fornirti un'offerta continua di erbe fresche per le tue creazioni culinarie.
Con un giardino di erbe sul davanzale, puoi godere della comodità di avere erbe fresche a portata di mano, aggiungendo bellezza e verde alla tua casa. Che tu abbia un

piccolo appartamento o uno spazio esterno limitato, questa opzione di giardinaggio compatto è la soluzione perfetta per gli appassionati di erbe. Quindi, inizia il tuo giardino di erbe sul davanzale e vivi la gioia di coltivare e utilizzare le tue erbe fresche coltivate in casa.

RISOLVERE I PROBLEMI COMUNI DEL GIARDINO DI ERBE

10.1 AFFRONTARE I PARASSITI NEL TUO GIARDINO DI ERBE

I parassiti possono essere un problema comune nei giardini di erbe aromatiche, ma con le giuste strategie è possibile affrontarli in modo efficace e proteggere le preziose piante. Ecco alcuni consigli per affrontare i parassiti nel tuo giardino di erbe aromatiche:

1. Identifica i parassiti: Il primo passo per affrontare i parassiti è identificarli correttamente. Diversi parassiti possono causare diversi tipi di danni alle tue erbe. Cerca segni come foglie masticate, buchi nella vegetazione o residui appiccicosi sulle piante. Una volta che sai con quali parassiti stai avendo a che fare, puoi scegliere i metodi di controllo appropriati.
2. Predatori naturali: Favorisci la presenza di predatori naturali come coccinelle, crisopidi e uccelli nel tuo giardino. Questi insetti e animali benefici si nutrono dei parassiti e aiutano a mantenere sotto controllo le loro popolazioni. Puoi attirarli piantando fiori che attraggono insetti benefici o fornendo mangiatoie e casette per gli uccelli.
3. Raccogliere a mano: Per parassiti più grandi come lumache o bruchi, la raccolta a mano può essere un

metodo efficace. Ispeziona regolarmente le tue piante e rimuovi manualmente i parassiti che trovi. Falli cadere in un secchio d'acqua saponata per assicurarti che non tornino nel tuo giardino.

4. Coltivazione associata: Alcune erbe e fiori hanno proprietà naturali repellenti per i parassiti. Piantarli accanto alle tue erbe può aiutare a tenere lontani i parassiti. Ad esempio, i calendule sono noti per respingere gli afidi, mentre l'aglio può scoraggiare molti parassiti comuni del giardino. Studia le combinazioni di coltivazione associata che funzionano bene per i parassiti specifici con cui stai avendo a che fare.
5. Spray organici: Se il problema dei parassiti persiste, puoi utilizzare spray organici per controllarli. L'olio di neem, il sapone insetticida e lo spray all'aglio sono alcuni esempi di opzioni di controllo dei parassiti organici. Segui le istruzioni sull'etichetta del prodotto e applica lo spray direttamente sulle piante interessate. Assicurati di evitare di spruzzare durante periodi caldi e soleggiati per evitare bruciature delle foglie.
6. Pacciamatura: La pacciamatura intorno alle tue piante di erbe può aiutare a tenere lontani i parassiti creando una barriera. Utilizza pacciamatura organica come paglia o trucioli di legno per sopprimere la crescita delle erbacce e scoraggiare i parassiti dal raggiungere le tue erbe. La pacciamatura aiuta anche a trattenere l'umidità nel terreno, il che è benefico per la crescita delle erbe.
7. Rotazione delle colture: Per evitare l'accumulo di parassiti nel tuo giardino di erbe, pratica la rotazione delle colture. Evita di piantare le stesse erbe o piante

correlate nello stesso punto anno dopo anno. Questo interrompe il ciclo di vita dei parassiti e riduce la probabilità di infestazioni.

8. Buona igiene del giardino: Mantenere una buona igiene del giardino è essenziale per il controllo dei parassiti. Rimuovi regolarmente foglie cadute o detriti dal giardino, poiché possono ospitare parassiti e malattie. Inoltre, pulisci i tuoi attrezzi da giardinaggio dopo ogni uso per evitare la diffusione dei parassiti da una pianta all'altra.

Ricorda, la prevenzione è fondamentale quando si tratta di affrontare i parassiti nel tuo giardino di erbe aromatiche. Implementando queste strategie e rimanendo vigili, puoi mantenere le tue erbe in salute e libere da parassiti.

10.2 PREVENIRE MALATTIE NELLE PIANTE DI ERBE

Le malattie possono rappresentare una preoccupazione importante quando si coltivano erbe aromatiche a casa. Tuttavia, con le giuste cure e misure preventive, è possibile ridurre al minimo il rischio di malattie che colpiscono le piante di erbe. Ecco alcuni consigli per aiutarti a prevenire le malattie nel tuo giardino di erbe:

1. Inizia con piante sane: È importante iniziare con piante di erbe aromatiche sane provenienti da fonti affidabili. Ispeziona attentamente le piante per individuare eventuali segni di malattie o parassiti prima di portarle nel tuo giardino. Evita di acquistare piante che sembrano deboli o che hanno foglie ingiallite, poiché potrebbero già essere infette.
2. Pratica la rotazione delle colture: Ruotare le colture di erbe ogni anno può aiutare a prevenire l'accumulo di malattie nel terreno. Evita di piantare la stessa erba nello stesso punto anno dopo anno, poiché ciò può portare all'accumulo di patogeni che colpiscono specifiche erbe aromatiche. Invece, ruota le tue erbe in diverse aree del tuo giardino per interrompere il ciclo delle malattie.
3. Fornisci la giusta distanza: Una corretta distanza tra le piante di erbe è essenziale per una buona circolazione dell'aria. Le piante affollate sono più suscettibili alle malattie in quanto creano un ambiente favorevole alla crescita e alla diffusione dei patogeni. Segui le linee guida di distanza consigliate per ogni erba per

garantire un adeguato flusso d'aria e ridurre il rischio di malattie.

4. Irriga in modo oculato: L'eccesso di irrigazione può creare un ambiente umido che favorisce la crescita di malattie fungine. Per prevenire le malattie, innaffia le piante di erbe alla base anziché dall'alto per evitare di bagnare il fogliame. Utilizza una brocca per l'irrigazione o un sistema di irrigazione a goccia per fornire acqua direttamente al terreno, riducendo al minimo il rischio di spruzzare acqua sulle foglie.
5. Mantieni una buona igiene: Praticare una buona igiene del giardino è fondamentale per prevenire la diffusione delle malattie. Rimuovi regolarmente foglie cadute o detriti vegetali dal giardino, poiché possono ospitare patogeni. Pulisci gli attrezzi da giardinaggio, come cesoie e forbici, con una soluzione disinfettante prima e dopo ogni utilizzo per prevenire la trasmissione delle malattie da una pianta all'altra.
6. Evita l'irrigazione dall'alto: Il fogliame bagnato può creare un ambiente ideale per le malattie. Invece di irrigare dall'alto, considera l'utilizzo di un tubo poroso o di un sistema di irrigazione a goccia per innaffiare le piante di erbe aromatiche a livello del terreno. Questo aiuterà a mantenere il fogliame asciutto e ridurre il rischio di malattie.
7. Utilizza fungicidi organici: Se noti segni di malattie sulle tue piante di erbe, come macchie, appassimento o decolorazione, considera l'utilizzo di fungicidi organici per controllare la diffusione della malattia. Ci sono diverse opzioni naturali disponibili, come l'olio di neem, i fungicidi a base di rame e le soluzioni di bicarbonato di sodio. Segui le istruzioni riportate

sull'etichetta del prodotto per un'applicazione e una dosaggio corretti.

8. Monitora i segni delle malattie: Ispeziona regolarmente le tue piante di erbe per individuare eventuali segni di malattie. Osserva sintomi come foglie ingiallite, macchie, muffe o appassimento. La tempestiva individuazione è fondamentale per prevenire la diffusione delle malattie. Se noti segni di malattie, agisci immediatamente per isolare e trattare le piante interessate al fine di prevenire ulteriori diffusioni.

Seguendo queste misure preventive, è possibile ridurre significativamente il rischio di malattie nel tuo giardino di erbe aromatiche. Ricorda che la prevenzione è sempre meglio che curare quando si tratta di malattie delle piante. Con le cure e l'attenzione adeguata, potrai godere di un giardino di erbe sano e prospero.

10.3 GESTIRE LE CARENZE DI NUTRIENTI NELLE ERBE

Le carenze nutrizionali possono essere un problema comune nei giardini di erbe, ma con una corretta gestione, possono essere facilmente affrontate. Quando le erbe mancano di nutrienti essenziali, la loro crescita e la loro salute complessiva possono essere compromesse. È importante identificare e correggere queste carenze per garantire che le tue erbe prosperino.

Una carenza nutrizionale comune nelle erbe è la carenza di azoto. L'azoto è fondamentale per la crescita delle piante ed è responsabile dello sviluppo di fogliame rigoglioso e verde. Se le tue erbe hanno foglie pallide o gialle, crescita rallentata o steli deboli, potrebbe indicare una carenza di azoto. Per gestire questa carenza, puoi applicare un concime ricco di azoto o materia organica, come il compost, al terreno. Ciò fornirà i nutrienti necessari affinché le tue erbe prosperino.

Un'altra carenza nutrizionale comune è la carenza di fosforo. Il fosforo è essenziale per lo sviluppo delle radici, la fioritura e la fruttificazione delle erbe. Se le tue erbe hanno un sistema radicale debole, fioritura ritardata o scarsa produzione di frutti, potrebbe indicare una carenza di fosforo. Per gestire questa carenza, puoi aggiungere un concime ricco di fosforo o farina di ossa al terreno. Ciò contribuirà a promuovere una crescita radicale sana e migliorare le prestazioni complessive delle piante.

La carenza di potassio è anche un problema comune nei giardini di erbe. Il potassio è importante per la salute generale delle piante, la resistenza alle malattie e la qualità dei frutti. Se le tue erbe hanno steli deboli, bordi delle foglie ingialliti o bruni, o sono più suscettibili a parassiti e malattie, potrebbe indicare una carenza di potassio. Per gestire questa carenza, puoi applicare un concime ricco di potassio o cenere di legna al terreno. Ciò contribuirà ad aumentare i livelli di potassio e migliorare la salute complessiva delle tue erbe.

Oltre a questi nutrienti principali, le erbe richiedono anche una serie di micronutrienti per una crescita ottimale. Le carenze di micronutrienti possono manifestarsi in vari modi, come clorosi (ingiallimento delle foglie), crescita rallentata o fogliame distorto. Per gestire le carenze di micronutrienti, puoi utilizzare un concime bilanciato o una soluzione spray fogliare che contenga una miscela di micronutrienti essenziali come ferro, zinco, manganese e rame. Ciò garantirà che le tue erbe ricevano tutti i nutrienti necessari per una crescita sana.

È importante notare che le carenze nutrizionali possono essere causate anche da livelli di pH impropri nel terreno. Alcune erbe preferiscono un terreno leggermente acido, mentre altre prosperano in condizioni alcaline. Effettuare un test del terreno può aiutarti a determinare il livello di pH e apportare eventuali correzioni necessarie. Aggiungere calce per aumentare il pH o zolfo per abbassarlo può contribuire a creare un ambiente di crescita ottimale per le tue erbe.

Monitorare regolarmente le tue erbe per segni di carenze nutrizionali e prendere le giuste misure ti aiuterà a mantenere la loro salute e produttività. Ricorda di seguire le dosi di applicazione consigliate per i concimi e gli emendamenti organici per evitare sovra-fertilizzazione, che può essere dannosa per le tue erbe. Fornendo alle tue erbe i nutrienti giusti, puoi garantire un giardino di erbe abbondante e prospero.

CONCLUSIONE

11.1 GODERSI I FRUTTI DEL TUO GIARDINO DI ERBE

Ora che hai coltivato con successo il tuo orto di erbe aromatiche, è il momento di raccogliere i frutti del tuo lavoro e goderti i risultati. Non c'è niente di paragonabile alla soddisfazione di utilizzare erbe fresche dal proprio giardino nella cucina e nelle rimedi casalinghi. In questa sezione, esploreremo alcuni modi per sfruttare al massimo il tuo orto di erbe e gustare appieno i sapori e i benefici delle tue erbe.
Uno dei modi più semplici e piacevoli per utilizzare le tue erbe è in cucina. Le erbe fresche possono valorizzare qualsiasi piatto, aggiungendo profondità e complessità ai tuoi pasti. Che tu stia preparando una semplice salsa per la pasta, un'insalata rinfrescante o una zuppa sostanziosa, l'incorporazione delle tue erbe coltivate in casa porterà le tue creazioni culinarie ad un livello superiore. Sperimenta diverse combinazioni di erbe per scoprire i tuoi sapori distintivi e migliorare le tue ricette preferite.
Oltre ad esaltare il sapore dei tuoi piatti, le erbe offrono anche una serie di benefici per la salute. Molte erbe hanno proprietà medicinali e possono essere utilizzate per trattare disturbi comuni e promuovere il benessere generale. Ad esempio, la menta è conosciuta per le sue proprietà lenitive e può aiutare ad alleviare problemi digestivi, mentre il rosmarino è stato dimostrato che migliora la memoria e la concentrazione. Incorporando le erbe nei tuoi rimedi

casalinghi, puoi sfruttare i loro poteri curativi naturali e sostenere la tua salute in modo olistico.
La conservazione delle tue erbe è un altro ottimo modo per goderne durante tutto l'anno. L'essiccazione delle erbe è un metodo semplice ed efficace di conservazione che ti consente di avere una scorta di erbe anche durante i mesi invernali, quando le erbe fresche potrebbero essere scarse. Appendi semplicemente le tue erbe a testa in giù in un luogo fresco e asciutto fino a quando non saranno completamente asciutte, quindi conservale in contenitori ermetici. Puoi anche congelare le erbe in stampi per cubetti di ghiaccio con un po' d'acqua o olio, rendendo facile aggiungere un tocco di sapore ai tuoi piatti ogni volta che ne hai bisogno.
Oltre alla cucina e ai rimedi casalinghi, le erbe possono essere utilizzate in una varietà di altri modi. Puoi creare le tue tisane alle erbe facendo macerare erbe fresche o essiccate in acqua calda, o infondere oli e aceti con erbe per dare un tocco unico alle tue salse e marinature. Puoi persino creare i tuoi prodotti di bellezza alle erbe, come sali da bagno alle erbe o oli infusi per la cura della pelle. Le possibilità sono infinite e il tuo orto di erbe offre una ricchezza di opportunità per la creatività e il benessere personale.
Mentre continui il tuo percorso di coltivazione delle erbe, ricorda di prenderti il tempo per apprezzare e goderti la bellezza e il profumo delle tue erbe. Dedica un momento tranquillo nel tuo giardino, inspirando gli aromi e ammirando i colori vivaci e le texture. Connettiti con la natura e trova conforto nel semplice atto di prenderti cura delle tue piante. Il giardinaggio non riguarda solo il risultato finale, ma anche il processo e la gioia che porta.
In conclusione, coltivare erbe aromatiche a casa è un'esperienza gratificante e appagante. Dalla pianificazione

iniziale e la progettazione del tuo orto di erbe alla cura e all'attenzione delle tue piante, ogni passo è un'opportunità per connettersi con la natura e migliorare il proprio benessere. Scegliendo le erbe giuste, imparando come prendersene cura ed esplorando i vari modi per usarle e goderne, puoi creare un orto di erbe che porta bellezza, sapore e salute nella tua vita. Quindi, goditi i frutti del tuo orto di erbe e continua a coltivare il tuo amore per le erbe. Buon giardinaggio!

11.2 CONTINUARE IL TUO VIAGGIO NELLA COLTIVAZIONE DELLE ERBE

Congratulazioni per aver completato il tuo viaggio nell'orticoltura delle erbe! A questo punto, hai acquisito conoscenze e esperienze preziose nella coltivazione delle erbe a casa. Ma il tuo viaggio non deve finire qui. Ci sono molti modi per continuare la tua avventura nell'orticoltura delle erbe e migliorare ulteriormente le tue competenze.

Un modo per continuare il tuo viaggio nell'orticoltura delle erbe è espandere la tua collezione di erbe. Mentre questa guida ha coperto alcune delle erbe più comuni, ci sono innumerevoli altre varietà in attesa di essere scoperte. Considera di esplorare erbe come timo, origano, salvia, aneto e erba cipollina, che offrono sapori e aromi unici per arricchire le tue creazioni culinarie.

Un altro modo per continuare il tuo viaggio nell'orticoltura delle erbe è sperimentare diverse tecniche di coltivazione. Puoi esplorare l'orticoltura verticale, che ti consente di massimizzare lo spazio coltivando erbe su pareti o tralicci. L'orticoltura in contenitori è un'altra opzione, specialmente se hai spazio limitato o desideri spostare le tue erbe. I giardini di erbe sul davanzale delle finestre sono perfetti per coloro che desiderano portare la bellezza e il profumo delle erbe in casa.

Mentre continui il tuo viaggio nell'orticoltura delle erbe, è importante rimanere vigili contro i problemi comuni che possono sorgere. I parassiti possono essere un fastidio in qualsiasi giardino, quindi assicurati di monitorare regolarmente le tue piante e adottare le misure appropriate per controllarli. Le malattie possono anche colpire le piante di erbe, quindi praticare una buona igiene e fornire condizioni di crescita ottimali può aiutare a prevenirle. Inoltre, le carenze di nutrienti possono ostacolare la crescita e la salute delle tue erbe, quindi è fondamentale monitorare i loro livelli di nutrienti e fornire una fertilizzazione adeguata quando necessario.

Ricorda, l'orticoltura delle erbe è un processo di apprendimento continuo. Non aver paura di provare cose nuove, commettere errori e imparare da essi. Unirsi a comunità o forum di orticoltura delle erbe può fornirti una ricchezza di conoscenze e permetterti di connetterti con altri appassionati di erbe.

Infine, non dimenticare di goderti i frutti del tuo giardino di erbe. Raccogliere e utilizzare erbe fresche nella tua cucina e rimedi casalinghi è un'esperienza gratificante. I sapori e gli aromi delle erbe coltivate in casa possono elevare i tuoi piatti e offrire numerosi benefici per la salute. Quindi, continua a esplorare nuove ricette e modi per incorporare le erbe nella tua vita quotidiana.

In conclusione, il tuo viaggio nell'orticoltura delle erbe non deve finire qui. Ci sono infinite possibilità da esplorare, nuove erbe da scoprire e tecniche da provare. Abbraccia la gioia di coltivare le tue erbe e continua a coltivare il tuo pollice verde. Buona orticoltura delle erbe!

www.ingramcontent.com/pod-product-compliance
Lightning Source LLC
Chambersburg PA
CBHW070807260726
48660CB00005B/1757
* 9 7 9 8 8 5 7 4 6 7 1 1 4 *